魔法の声かけで
子どもが自分で動きだす！

3歳からできる
お片づけ習慣

整理収納アドバイザー
お片づけ先生®
伊東 裕美

「まだ小さいから無理」
「親が片づけたほうが早い」と考え、
子どものお片づけをあきらめていませんか？
本書で紹介するお片づけ術は、
どんな子でも３歳から
楽しくできるものばかりです。
まずは、子どもがお片づけ習慣を
身につけるための
ポイントを紹介します！

日本実業出版社

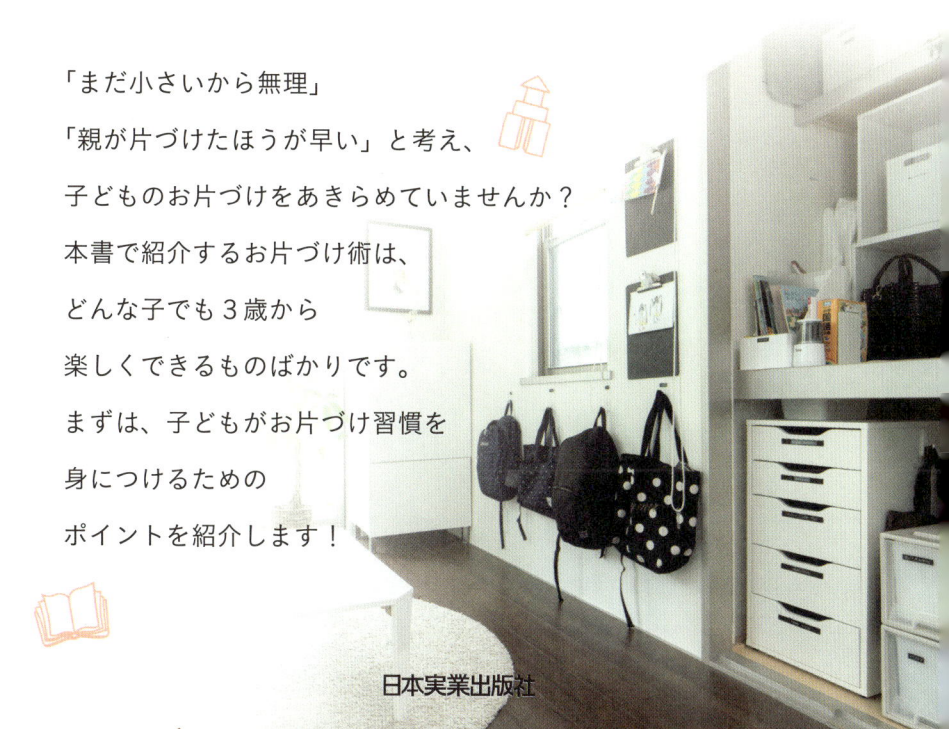

KODOMO OKATAZUKE

お片づけ先生の家へようこそ！

子どもがお片づけを身につけるためのポイントは次の3つです。

①適正量しかものを持たない
②動線に合わせて収納する
③親が声をかける

たった3つを意識するだけで、幼児でもラクにお片づけできるようになります。まずは、わが家の日常の流れを見ていただき、「子どものお片づけ」をイメージしてみてください。子どもの「自分でできた」が増えるよう意識した収納にしています。

次女＆三女の部屋

伊東家の間取り

ただいま♪ ぜーんぶ自分でできるよ！

1 F

➡ は帰宅後の動線

2 F

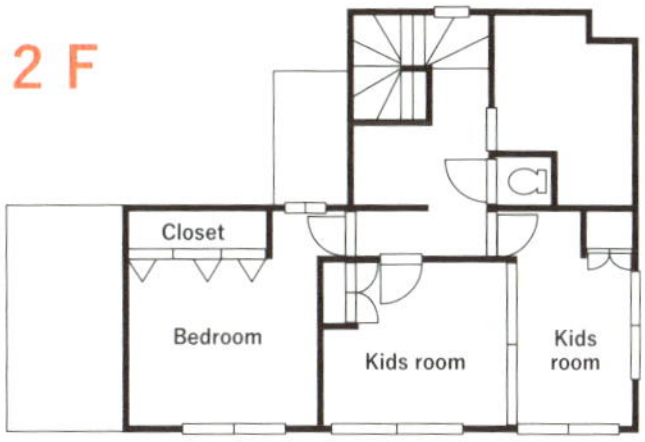

４ＬＤＫ／116㎡／一戸建て
夫と長女、次女、三女の５人家族。

KODOMO OKATAZUKE

「ただいま！」からの子どもの動きを見てみよう！

わが家の場合、お家に着いて最初にすることは「靴をシューズクローゼットにしまう」。子どもの身長に合わせて専用スペースを設けてあるため、ラクに片づけられます。玄関に靴が出ていないと気持ちがいいですよ！

玄関はお家の顔

シューズクローゼットにしまうと、お客様やあとから帰ってきた人をスッキリした状態で迎えられます！

カバンを置く前に、まずは汚れものを洗濯カゴへ！　そのまま手洗い・うがいもしてしまえば、ラクなだけでなく、汚れを室内に持ち込まずに済みます。洗濯カゴは、簡単に入れられる口が大きめのものを置いています。

洗面所へ直行！

お部屋に入ってくつろいでしまう前に、洗面所へ。うがい用のコップは1つだけ置き、家族で共用しています

お部屋に入ったら上着をポンと脱ぎ捨て て、ソファーやダイニングの椅子に置きっぱなし……というご家庭はありませんか？

これを防ぐために、リビングダイニング入ってすぐの壁面に、三姉妹用のフックを設置。掛けるだけなら、お片づけのハードルが低く、子どもも自分でできます。

上着は掛けるだけ

保育園や幼稚園では、「上着を引っ掛ける」が定番。お家も同じ仕組みに。写真のフックはネジ止めしています

接着タイプのフックを使えば壁を傷つけません

つい、見忘れる、出し忘れてしまう連絡ノートや保育園、幼稚園からのお手紙。目に留まりやすく、チェックしやすい位置に置き場を設けることで、この問題を解消！親も子もラクになるのでおすすめです。

連絡ノートは見る場所に

一息つきながらチェックできます

いつもダイニングテーブルでチェックするため、すぐそばの棚の上にトレイを設置

支度は ワンアクション

カバンを持ったままリビングの隣にある子ども部屋へ。

部屋の入口近くにある保育園セットを収納している引き出しを1つ開けるだけで、持ちものすべてを用意できます。

ポイントは、「ワンアクションで済む収納にすること」。あちこちからものを取り出さなければならないと、子どもは負担に感じますし、忘れものにもつながります。

また、親の声かけも大切です。私はキッチンから様子を見つつ、「明日の用意はOK?」などの声かけをするようにしています。

明日の支度のためのものは、すべてこの引き出し1つに。1か所にまとまっていると子どもでもできます！

子どものお片づけでは、「仕組み」だけでなく、「声かけ」が大切。「見ているよ」が子どものやる気に

ラベルをつけて、何の場所かはっきり！

思いきり遊ぼう！

今日は
ぬりえをしたいな！

一緒に使うものをまとめた「グループ収納」。ファイルボックスにまとめれば、使うのも片づけるのもラクちん！
→詳しくは 104 ページ

いろんなキャラクター好きにおすすめな「キャラクター別収納」
→詳しくは 118 ページ

大好きなキャラクターはみ〜んなこの箱へ

A4 サイズの引き出しを使えば「あのおもちゃ、どこ〜？」がなくなります

悩みの種になりがちな「小さなおもちゃの収納」
→詳しくは 102 ページ

明日の支度が終わったら、安心して思いきり遊べます。

どこに何があるのか「もののお家」がはっきりしていれば、出すのも片づけるのも簡単。子どもが自分で片づけられることがわかっていれば、おもちゃをたくさん広げていても気になりません。

KODOMO
OKATAZUKE

「適正量」のキープが大事
親子でものを「厳選」してみよう！

ものを持ちすぎると、管理が大変です。

お片づけ上手への近道は、**持ちものの「適正量」を意識すること。**

自分が何を持っているか把握できる量だけものを持つようにすると、余計なものを増やすことがないため、無駄遣いが減り、片づけるハードルも低くなります。

では、具体的にどんなふうに適正量をキープしたらよいのでしょうか。

親子で簡単にできる、ものの「厳選」方法を見ていきましょう。全部を一気に片づけようと考えず、まずは引き出し1つからはじめてみてください。

STEP 1

今日はこの引き出しを片づけてみようか！

片づけたい収納の中身をすべて出す

STEP 2

マスキングテープを中央に貼り、スペースを「使っている」「使っていない」の２つに分ける

DO YOU KEEP IT?

STEP 3

このおもちゃは
使っている？

おもちゃ1つひとつを手に持ち、「使っている」「使っていない」に仕分ける

STEP 4

すべてのおもちゃについて、「使っている」「使っていない」を判断する

STEP 5

「使っている」に仕分けたおもちゃを引き出しの中にしまう

STEP 6

自分でできたよ！

引き出しを戻して完成！

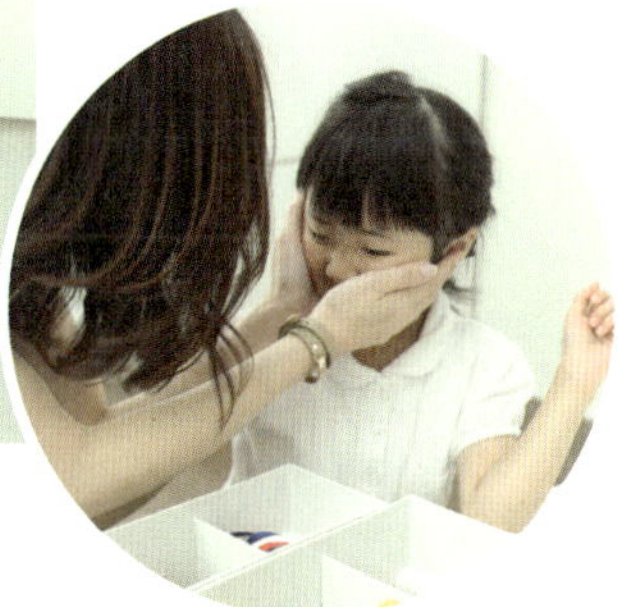

自分でできたね！
すごいね！

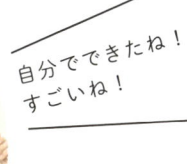

KODOMO OKATAZUKE

毎日の「声かけ」でお片づけは激変！

子どもは、親の「声かけ」でやる気スイッチが入ります。慣れるまでは面倒に感じるかもしれませんが、子どもの成長のために、チャレンジしてみませんか？
やり方はとってもシンプルです！

？ 帰ったら、最初にすることは何でしょうか？

わかるよ！
靴をしまう～！

クイズ形式で子どもに何をしてもらうか思い出してもらいます。「靴をしまって」と親が言うのと違って、積極的に動いてくれます

？ このおもちゃのお家はどこでしょうか？

知っているよ！
この箱の中！

こちらもクイズ形式。自分でしまう場所を答えると、お片づけしようというスイッチが入ります

！ ママがお皿を洗うのと、おもちゃを片づけるの、どっちが早いか競争しよう！

絶対勝ちたい！
すぐ片づけちゃうよ！

ゲーム感覚なら、楽しくお片づけできて、ママは家事もはかどり大助かり！

？ 明日持って行くタオルは何の柄？

支度自体は子どもに任せても、「見守っているよ」とわかる声かけで、習慣化をサポート

！ おもちゃが「お家に帰りたい」って言っているよ

おもちゃの気持ちを代弁することで、ものを大切にする心が育ちます

？ これは「思い出ボックス」で取っておく？　それとも写真で残しておく？

これは「思い出

小さい頃から思い出の品を持ちすぎない習慣が身についていると、本当の意味でものを大切にできる子になります

！ この作品、とっても好きだな♥

ママに気に入って
もらえた！

子どもの作品は、家族の目に入りやすい場所を定位置に。しっかり飾ると、満足感があり、手放しやすくなります

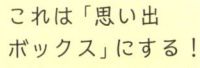

KODOMO
OKATAZUKE

3歳からのお片づけで子どもも大人もハッピーに！

幼児期からのお片づけが与えてくれるよい影響は数えきれません！ ここではその一部を紹介します。

TOY

遊びたいおもちゃで遊びたいときに思いきり遊べちゃう！

STUDY

机がいつもきれいだから、「勉強しよう」と思ったらすぐ取りかかれちゃう

SELF

自分のものは自分で管理！

HAPPY!

ものを持ちすぎないから
1つひとつを大事にできる

子どもがいても、スッキリしたお部屋をキープできる！

支度は子どもにお任せ！　親は声をかけるだけ

「あれがない！」などと泣き叫ばれて一緒に探す心配もなし！

お片づけに悩むことがなくなり親も子も笑顔に！

「きれいにできたね」「１人でできてすごい！」など、自然と子どもを褒められる

はじめに

現在は、小学校高学年の授業で整理整頓を学べる時代になりました。しかし、10歳にもなるとすでに根づいてしまった、「片づけられない」という生活習慣を変えることは簡単ではありません。

「片づけ＝面倒・大変・怒られるから仕方なくする」と、多くの子どもたちは成長とともに感じていきます。そうなる前、つまり、固定観念がまだなく、考えが柔軟な幼児期のうちに、「お片づけは楽しいもの」「整理したり、もとに戻したりするのは気持ちのよいこと」と思える経験を積み重ねることが大切です。

子どもは、ものの仕分け方や、おもちゃの量の考え方、しまい方のコツさえつかめば、片づけるスピードがみるみる速くなるだけでなく、表情もどんどん明るくなります。

また、お部屋がきれいになっていく様子を見ながら、おもちゃを片づけることにワクワク感を覚えるようになります。私は子どもたちが実際に片づいた部屋を見て、「自分でこんなにきれいにできた！」と喜ぶ姿をたくさん見てきました。そのたびに私自身も最高に幸せな気持ちになります。

多くの子どもたちがこのような体験をできるよう、お片づけの仕組みや考え方などを本書で紹介していきます。

どうしたら子どもが自主的にお片づけできるようになるのかを深く考え、保育士として得た知識と経験、わが子の育児という実体験を活かして生み出した、「大人も子どもも楽しみながらできるお片づけ術」をぜひ実践してみてください。

また、本書では、「子どもと一緒にお部屋を片づける方法」だけでなく、「子どもへの関わり方」「子どもがこんなときにはどうしたらよいのか」といったことにもお答えしています。子どもとのコミュニケーションのヒントとして役立てていただけたらうれしいです。

慣れないうちは大変に感じるかもしれませんが、お部屋全体を一気に大変身させようと意気込みすぎず、子どもと一緒に小さな成功体験を積み重ねてください。そうすることで、子どもが1人で片づけられるように必ずなります。

幼児期からはじめる「お片づけ教育」を通して、未来ある子どもたちが成長とともに「自分にとって大切なものを選び取る力が育まれますように。

そして、あなたの中で「子どもが小さいときに片づけ方を教えられてよかった」と実感いただけたら幸いです。

2019年6月

お片づけ先生® 伊東裕美

MOKUJI

3歳からできるお片づけ習慣 ―もくじ―

CHAPTER 1

幼児期からのお片づけが持つ10の力

CHAPTER 2

子どものお片づけの基本を知ろう

CHAPTER 3

子どもが自分で簡単に片づけられるための5ステップ

CHAPTER 4

さまざまなおもちゃの収納方法

CHAPTER 5

子ども自身で次の日の支度ができるようになる方法

CHAPTER 6

こんなときどうする？お片づけ先生教えて！

カバーデザイン　吉村朋子
本文イラスト　カモ
113、115ページ写真提供　扶桑社
撮影　RYOTA／Okataduke&Co
本文デザイン・DTP　初見弘一

CHAPTER 1

幼児期からのお片づけが持つ10の力

KODOMO
OKATAZUKE

1

《お片づけが持つ力❶》
ものを大切にする心が育まれる

把握できない量のものを持つ怖さ

お片づけ教育によって10の力が身につくと私は考えています。CHAPTER1では、その力について1つずつ見ていきましょう。

子どもがおもちゃを散らかし放題、踏んでも気にしない、ということがあります。この原因の1つが、「ものを持ちすぎていること」です。

大人も子どもも自分が把握できない量のものを持つと、それらすべてを大切に扱うのが難しくなります。そして、なくしても気づかない、壊れても気にしない、新しく買えばいいという習慣が根づいていき、さらにものが増え、ますますものを大切にできなくなるという悪循環に陥ります。

こうならないためには、ものを大切にできる環境、つまり、自分が把握できる量しかものを持たない、すべてのものの収納場所が決まっている状態を作る必要があります。

幼児期のうちから、自分で把握できる量しかものを持たないようにすれば、1つひとつを大切にしようという意識が自然と芽生えます。

本書では、「ものにも気持ちがある」ということを繰り返し子どもに伝えることで、お片づけ習慣を身につける方法を紹介します。

この伝え方によって、「おもちゃだって踏まれたら痛い」「大切にしてもらえないと悲しい」というふうに子ども自身で考えることができ、大人に言われなくても自分で考えて、ものを大切にできるようになります。

お片づけ教育でものを大切にする気持ちが芽生える

BEFORE

AFTER

KODOMO
OKATAZUKE

2

《お片づけが持つ力❷》ものと人への優しさが生まれる

ものと人の扱い方は同じになる

先ほどお伝えした、おもちゃの気持ちを代弁するお片づけを日常的に繰り返し行なっていくと、自然とものの気持ちを考えられる優しい心が育まれていきます。

ある日、4歳の娘が自分より小さな女の子に対して発した言葉に感動しました。

その小さな女の子は、大きなお人形を抱きかかえながら遊んでいました。思い通りに体を動かせないお人形を叩いたり、投げつけたりしている姿をじっと見つめる娘。少しずつ近づき、その女の子に小さな声で言いました。

「お人形が痛いって言っているよ。かわいそうだよ」

するとその女の子は、はっとした表情をして、お人形を乱暴に扱うのをやめました。

このとき、日常的にものの気持ちを考えられるような声かけをすると、子どもの優しい心が育まれ、ものに対してはもちろん、人に対しても自然と優しい気持ちで考えられるようになるんだなと確信しました。

「片づけなさい！」と言ってもピンとこない子でも、「おもちゃが痛いと言っているよ」「おもちゃがお家（収納場所）に帰りたいと思っているよ」と子どもが理解できる言葉でものの気持ちを代弁すると、だんだん親に言われなくも子ども自身が想像して、ものにも人にも優しくなれます。

お片づけ教育でものにも人にも優しくできる

BEFORE

AFTER

KODOMO
OKATAZUKE

3

《お片づけが持つ力❸》

自分でやりきる責任感が強くなる

子どもに任せることが大事

お片づけの基本は「ものの管理」です。

3歳くらいになると、自分のものの管理を自分でできるようになっていきます。例えば、えんぴつ、消しゴム、のり、ノート、ぬりえなどの文房具類から、子どもが自分で管理できる仕組みを作ってあげましょう。

仕組みといっても、大げさなものは必要ありません。子ども専用のお道具箱や引き出しを用意して、そこに何をどうしまうかをはっきりと伝えることで、3歳の子でもきちんと管理できます。

この「管理を任せる」ということが、子どもの責任感を育んでくれます。

そのほかにも、本書で紹介する子どものお片づけでは、ものを整理する際「使っている・使っていない」に子ども自身で仕分けてもらいます（詳しくは76ページ参照）。大人は見本を見せても手や口は出さずに見守ることで、子どもの「自分でできた」「親が任せてくれた」「これからも自分でやってみたい」という気持ちが育ちます。

子どもに自分のものの管理という日常的なことから役目を持って行動する経験をさせ、それに対して「自分でこんなにできてすごい！」とできたことを一緒に喜んだり、「とっても助かるな。ありがとう！」と頼りにしていることを伝えたりすると、自信につながり、お片づけがどんどん楽しいものになっていきます。そして、これを積み重ねていくうちに少しずつ責任感も芽生え、「自分でやってみよう」というスイッチが入ります。

お片づけ教育で役目を持つ経験ができる

BEFORE

AFTER

KODOMO
OKATAZUKE

4

《お片づけが持つ力❹》

達成感により自己肯定感が高まる

何かに挑戦するときもリスクを考えて一歩踏み出せず、なかなか前に進むことができません。

よく「どうして片づけられないの！」と叱っているご家庭がありますが、これを続けていると子どもの自己肯定感は下がる一方です。

そもそも、次の3つの条件が整っていないと、子どもは自分で片づけることができません。

①子どもでも出し入れしやすい仕組みがある
②何をどこに片づけるかラベル等で一目でわかるようになっている
③毎日片づけるタイミングに声かけをしている

おそらく、この3つが整っているご家庭は少ないのではないでしょうか。

小さな成功体験の積み重ねが大切

お片づけをして、「自分で最後までできた」というう体験。そして、きれいになったお部屋を見てうれしい気持ち。それを近くで見ている家族に褒められて誇らしい気持ち。

こういった、小さな成功体験を日常的に積み重ねて達成感を味わうことが、自分でできたという自信につながり、自己肯定感が育まれます。

自己肯定感が高い子は、自信があり、何事にも挑戦していく強い心を持つことができると言われています。素直に喜んだり、相手に感謝したり、誰かに必要とされていることをうれしく思えるようになるのです。

自己肯定感が低いと、物事を悲観的に考えて、

お片づけ教育で日常的に成功体験ができる

BEFORE
AFTER
片づけなさい!!
できた!
すごい!!

はじめは面倒に感じるかもしれませんが、①と②は一度作ってしまえば、ものが増えない限りゼロから作る必要はありません。③も習慣化すればそれほど負担に感じなくなりますし、何より「片づけなさい！」と叱るよりも、大人も子どももストレスは小さいでしょう。

子どもでも片づけられる環境を用意すれば、ダメ出しばかりしていた毎日の生活が、子どもを認めたり、褒めたりできるように変わります。親はちゃんと自分を見てくれている、認めてくれているということが子どもに伝われば、自己肯定感はおのずと育まれていくのです。

お片づけは叱られてからやるもの、うまくできなかったらダメ出しされるもの、という負のイメージがつく前に、子どもでもお片づけができる環境を整えてあげましょう。

環境作りについてはCHAPTER5で詳しく紹介します。

KODOMO OKATAZUKE

5

《お片づけが持つ力❺》

自分で考える力や判断力がつく

お片づけは考えるトレーニングになる

たくさんのものの中から、自分にとって必要なものかどうかを判断することは、大人でも難しいものです。ですが、この判断こそがとても重要で、判断せずに何でも必要とすれば、頭もお部屋もパンクしてしまいます。

子どもは、「心が伝わる脳」を0～3歳でしっかり育み、3歳以降に「考える脳」を育てていくと言われています。4～7歳くらいの「考える脳」が作られる時期に、子どもに対して何でも大人が指示や誘導ばかりしていると、自ら考える習慣が身につかなくなってしまいます。

お片づけは、自分で考たり、判断したりするきっかけとして有効です。例えば、誕生日に新しいおもちゃを買うとき。ほしいものを見つけたら、「お家の中のどこにそのおもちゃのお家（収納場所）を作ってあげたらいいと思う？」と尋ね、子どもに考えてもらいます。この一言だけで、ほしいから何でもすぐ買うという気持ちをいったん落ち着かせることができます。

そして、成長とともに「本当に使うかな？」「今持っているおもちゃとこのおもちゃ、どっちをよく使うかな？」などについても考えられるようになっていきます。

日頃からお片づけができていれば、「おもちゃを収納するスペースはここだけだ」とあらかじめはっきりしているので、親も子もより具体的におもちゃをどう迎え入れるか考えやすいでしょう。

これが考える力と判断力を伸ばしてくれます。

お片づけ教育で思考力と判断力が伸ばせる

BEFORE

AFTER

KODOMO OKATAZUKE

6

《お片づけが持つ力❻》一生役立つ〝工夫する力〟がつく

整理収納は工夫の連続

片づけやすくするためには、工夫が必要です。はじめは大人から、片づけやすくするための工夫を提案します。例えば、「いつもリビングでトランプをして遊ぶから、トランプは子ども部屋じゃなくて、リビングのテレビ台にしまったほうが片づけやすくないかな?」といったことを子どもに話します。勝手に収納場所を決めるのではなく相談することで、子どもに「なるほど!」と発見することの楽しさに気づくきっかけを与えます。そして子ども自身が「自分も工夫したい」「発見したい」という気持ちになります。

子どもが考えて工夫しているときは、しばらく様子を見ながら見守ってあげてください。たとえその見栄えが悪くても、自分で考えて工夫したことを認め、褒めてあげましょう。そのあとに、親の意見を伝えてみてください。こうやって親子で一緒に子どもの手でも取り出しやすく、しまいやすい場所を見つけていくことで、自分に合った収納方法を工夫することができるようになります。

成長に伴って生活スタイルが変われば、身の回りのものも変わるので、そのたびに整理し、また収納していかなければなりません。この流れは大人になってもずっと続きます。家を居心地がよいように整理し、かつ、使いやすく戻しやすい収納にする工夫は生きていくために必要なことです。

ぜひ工夫することを諦めず、続けてみてください。そのためのさまざまな収納方法はCHAPTER4で紹介します。

お片づけ教育で創意を加えられるようになる

BEFORE

AFTER

KODOMO OKATAZUKE

7

《お片づけが持つ力❼》

大切な時間を有効に使える

探しものにかかる時間とストレス

ものがたくさんあって散らかっていると、使いたいものを見つけるのにとても時間がかかります。人は、ものを探すのに1日10分、一生だとなんと153日分使っていると言います。

毎日、ものを探したり取り出したりすることに時間を取られる生活を改善し、暮らしやすい仕組みを作れば、限られた時間を有効に使うことができます。

幼児の場合、うまく言葉で自分の気持ちを伝えられないため、「ほしいもの・使いたいもの」が見つからないとき、全身を使ってその不満を表現します。そうなると、大人の行動も止まり、ものを探す時間と子どもを落ち着かせる時間が必要になります。これはとてももったいないことです。整理整頓をすることで、探しものによるストレスがなくなるだけでも、毎日の暮らしがより豊かになるでしょう。

また、整理された環境で育つと探しものをする時間が少なくなるので、その分を自分のやりたいことをやる時間、考える時間、勉強の時間などにあてられます。大人になってからも、ほかの人が探しものに費やす時間を仕事や家族のために使うことができるでしょう。

さらに、子どものタイプに合ったストレスを感じない収納、短時間で片づけられる仕組みを意識すれば、探しものをしなくて済むようになるとともに、片づけるための時間も短くすることができます（詳しくは58ページ参照）。

お片づけ教育で探しものに時間を使わずに済む

BEFORE

AFTER

KODOMO OKATAZUKE

8

《お片づけが持つ力❽》

自ら進んで勉強するようになる

子どものモチベーションを活かす

　最近では、子ども部屋よりも、リビングでの学習が主流になっています。どちらで勉強するにしても、共通して言えることがあります。それは、子ども自身の勉強に対するモチベーションが高い状態のときに、すぐに勉強できる環境を常に整えておくのが重要だということです。

　勉強する机が散らかっていると、まずは片づけからスタートしなければなりません。スタート時点が最もモチベーションが高いと考えると、お片づけをしているうちにどんどんそのモチベーションは低下してしまいます。

　さらには、片づいた達成感でここで何をしようとしていたか忘れてしまう、片づいた頃にはすっかり疲れてしまう、今度は違うことが気になりはじめてしまうという場合も少なくありません。

　やる気になっている貴重なタイミングに、そのやる気を実力として伸ばせるように、机の上には何も置かないようにするだけでも、子どもの様子に変化が現れます。お片づけ指導をしたお客様から、「親に言われなくても机に向かう回数が増えた」という喜びの声も多数いただいています。

　つまり、環境を整えることには、子どもが自分で考えたタイミングで勉強するようになる効果もあるのです。小学校に入学したばかりの頃は、生活に慣れるまで大人のサポートが必要かと思いますが、幼児期のうちにお片づけを身につけ、勉強できる環境を整えておけば、自主的な勉強を習慣化しやすいでしょう。

お片づけ教育で勉強に対するやる気を活かせる

BEFORE

AFTER

KODOMO OKATAZUKE

9

《お片づけが持つ力❾》

考えてお金を使うようになる

買って解決すると金銭感覚は狂う

最近は、ものが安く簡単に手に入るため、なくしたり、ほしくなったりしたら、すぐに買えてしまいます。これを繰り返していると、無駄遣いをしていることに気づかなくなり、ものばかり増え、お金の計算や金銭感覚がつかめません。

「100円だからいいか」からはじまり、えんぴつや消しゴムなどをなくしたことも気にせず新しいものを買ってもらい、掃除をするたびに使いかけのものが発見される、ということが、お片づけ指導に行くとしばしば見受けられます。

これを防ぐためには、「今持っているものは何か」を把握し、管理することを身につけなければなりません。ものをもらうときも、買うときも、自分が何を持っているかをお片づけによって把握できていれば、無駄を防げます。

これは、子どもだけでなく、親にとっても大切です。子どもに言われるまま新しいものを買ってあげるといったことをしないために、ものを買うときは次の3つを考えるようにしましょう。

①家にあるおもちゃ全部を見たときこれを買っても子どもが管理できるか
②収納するスペースは確保できるか
③買うタイミングは今でよいのか

ものが多ければ多いほど、管理が難しくなります。幼児期のうちから安易に与えすぎず、よく考えてから買うようにすることも大切な教育です。

お片づけ教育で無駄遣いがなくなる

BEFORE

AFTER

KODOMO OKATAZUKE

10

《お片づけが持つ力⑩》

主体的に片づけられるようになる

幼児だって片づけられる！

幼児が主体的に片づけられるはずがないと感じるかもしれませんが、小さな子でも片づけられる仕組みを作り、日々声かけをすれば、早い子だと1か月程度でお片づけ習慣が形成されます。

習慣になれば、やるべきことを自分で考えて行動し、自分の時間を好きなように使えるようになります。

逆に、小学生になってからお片づけを習慣化させようとすると、今までの習慣を変えることになり、なかなか「お片づけ」という新しい習慣が身につきません。

「将来、お片づけできるようになってほしい」と遠い未来のこととして考えるのではなく、幼児期からお片づけ教育をはじめることで、子どもはラクにお片づけ習慣を身につけられます。そうすると、親の負担もぐっと軽くなるはずです。

だからといって、「片づけなさい」と言うだけでは、片づけがどんどん嫌になってしまいます。そうならないために、本書のお片づけ教育では、ゲーム感覚で片づける方法を紹介しています（84ページ参照）。

子どもが楽しみながら片づけられれば、主体的なお片づけに導くことができます。まだ小さいからできない、大人がやってあげなければと考えるのではなく、子どもでも楽しく自分でお片づけしたくなるのはどんなやり方かな、どんな声かけかな、という視点で幼児期から親子でお片づけに取り組むことをおすすめします。

お片づけ教育で幼児でもお片づけが習慣化できる

BEFORE

AFTER

KODOMO
OKATAZUKE

11

幼児期のお片づけで親も変われる！

お片づけ教育で大きく変わるのは親

ここまで「幼児期からのお片づけが持つ10の力」として、子どもがどのように成長できるかをお伝えしました。しかし、変われるのは子どもだけではありません。お片づけ教育によって、親の行動や考え方も変わっていきます。

①片づけで怒る必要がなくなる

お片づけ教育を知らないと、片づけない子どもの姿にイライラし、ガミガミ叱ってしまいがちです。しかし、お片づけ教育をはじめて、子どもが自ら片づけられるようになれば、怒る必要がなくなります。CHAPTER2では、叱らないで済む魔法の声かけを紹介します。

②気持ちがラクになる

子どもが自分で片づけられるので、親が代わりにおもちゃを片づける必要がなくなります。そうすると、親も体力的な負担とともに「おもちゃを片づけなきゃ！」という感情から解放されて、気持ちがラクになります。

③優しくなれる

「子どもが理解できる言葉」を意識することが増えるので、自然と伝え方が優しくなります。

さらに、子どもが進んで片づけができるようになれば、より一層優しくなれて「すごいね」「おもちゃも喜んでいるよ」などの子どもが喜ぶ声かけもできるようになります。

④心と時間に余裕が生まれる

子どもが自分のことを自分でできるようになれば、親の出番は少なくなります。その分、親も自分の時間ができます。

そして、優しい声かけによって、自然と心にも余裕が生まれてきます。

⑤笑顔が増える

子どもの「できた！」を見るとうれしくなり、私たち親の笑顔も自然に増えてきます。「ママ見て〜♪」と自分でお片づけできたことを伝えにくる子どもの様子にも、また笑顔がこぼれます。

⑥子どもを見て安心できるようになる

子どもにお片づけ習慣が身についていると、いろんなものを出して散らかしていても、全然気にならなくなります。なぜなら、「子どもが自分でもとに戻すことができる」とわかっているから。

さまざまなジャンルのおもちゃを出して、創造力を働かせて楽しく遊んでいるというふうに、おおらかに考えられるようにもなります。

「どうせ、私が片づけるんだから」という気持ちが心の中にあり、「そんなにたくさん出さないで！」と余裕もなく言ってしまっていた方でも、子どもができるようになってくると、「片づけてくれるから見守ろう」と思えるようになるのです。

⑦買い物上手になる

「子どもが管理できる量」を意識するようになるため、買い物をするときは「本当に必要？」「収納する場所はある？」など自問自答できるようになります。子どもと一緒に買い物に行くときは、子どもに同じように尋ねる習慣が身につきます。

この質問をすることで、思いつきや勢いで買うことがなくなり、経済的負担も減ります。

コラム

お片づけ先生流

子どもがお手伝いできる キッチン収納

子どもは成長とともにできることが増え、自信もついてきます。そのため、2歳くらいになるとお手伝いをしたがるようになります。しかし、できることは限られていますし、忙しいタイミングに言われても思うように対応できないというもどかしさがありますよね。そこで、忙しいときでも子どもにお手伝いをしてもらえる仕組みを作りましょう。

子どもがよくお手伝いしたがるのが、「キッチン仕事」です。

キッチンは、狭くて火や刃物を使う場所なので、親と子がキッチン内でぶつからないようにしたいところ。

そこで、キッチンの入口に一番近い場所を活用します。つまり、キッチンの中や奥まで子どもが入ってこなくても完結できることをお手伝いしてもらうのです。

例えば、「カトラリーの準備」などは、小さな子どもでもできます。キッチンの入口に近い場所に収納を設置し、背が低い子どもでも取り出しやすい低めの位置にカトラリーをしまっておけば、親の声かけだけで子どものお手伝いを促すことができます。

わが家は5人家族なので、5人分のカトラリーは大人でも一度に運ぶのは大変。子どもの手は小さいのでなおさらです。そこで、空のケースを用意して、そこに献立に合わせたものを入れてまとめて運べる仕組みにしてあります。ラクに持ち運べれば、子どもは楽しんでお手伝いしてくれるでしょう。

少しの仕組みで、子どもの「手伝いたい」という気持ちと、親の「やらせてあげたい」という気持ちの両方を実現できますし、子どもの成長の機会にもなります。ぜひお試しください！

CHAPTER 2

子どものお片づけの基本を知ろう

KODOMO OKATAZUKE

1

まずは持つおもちゃの量を決める

自分で把握できる量だけしか持たない

このCHAPTER2では、子どもと一緒にどのようにお片づけを進めていけばよいのか、お片づけの基本と流れを紹介していきます。

たくさんのおもちゃの中から、自分に必要なものだけを残すことは、とても難しいものです。ですが、判断せずに何でも必要とすれば、頭もお部屋もあっと言う間にいっぱいになってしまいます。

子どもが自分でお片づけできるお部屋を保つコツは、適正量しかものを持たないことです。

ここで言う「適正量」とは、何をどれだけ持っているか子ども自身が把握できる量を指します。

「適正量」のイメージ

子どもが「把握できる量」は、その子のおもちゃに対する思い入れに左右されます。また、大きさや収納方法により異なりますので、あくまでもイメージではありますが、3歳なら段ボール2箱分くらい、5歳なら段ボール3箱分くらい、7歳なら段ボール4箱分くらいが目安になります。

収納スペースで考えると、3歳なら押入れの6分の1、5歳なら押入れの5分の1、7歳なら押入れの4分の1くらいです。

家で過ごす時間から適正量を考える

お家で遊ぶ時間から、おもちゃの適正量をイメージするのも1つの方法です。

1人あたりの「適正量」のイメージ

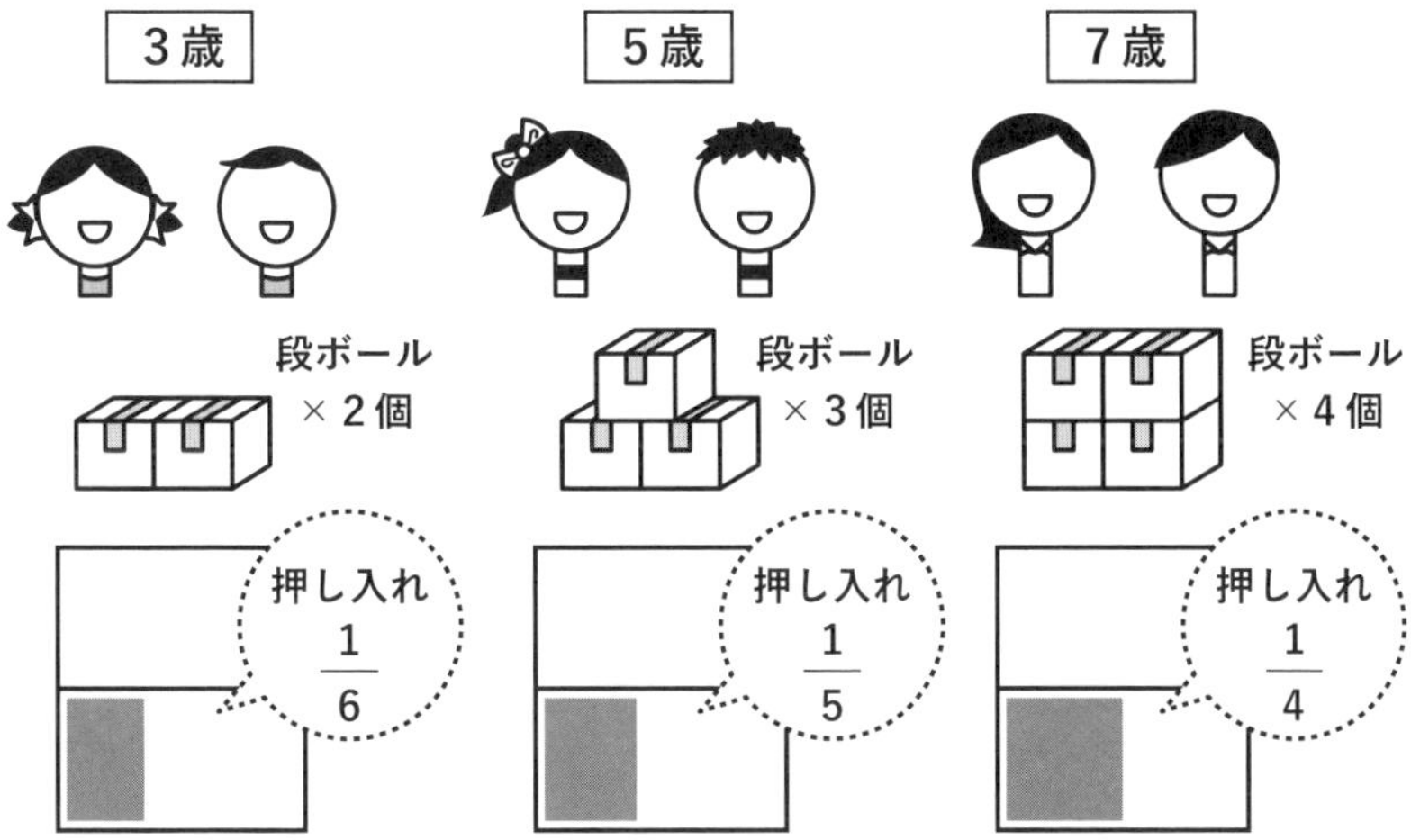

※段ボールのサイズの目安＝長さ＋幅＋深さ＝130cm 以内

例えば同じ3歳児でも、保育園に通っている子は平日8時～18時頃まで保育園で過ごすため、お家で遊ぶ時間は1～2時間程度です。そのため、おもちゃは段ボール1箱分くらいで十分かもしれません。一方、幼稚園児の場合、平日9時～15時頃までしか幼稚園で過ごさないため、保育園児と比較するとお家にいる時間は3時間ほど長く、おもちゃが段ボール2箱では収まらないということもあるでしょう。

そのほかにも、習い事の時間や、お外で遊ぶ時間なども考慮して、お家で遊ぶのはどれくらいの時間で、そのためにはどのくらいの量のおもちゃが必要かを考えてみるとイメージがわきやすくなります。

定期的におもちゃの量を見直す

おもちゃは、いつの間にか増えていきます。意識的に量を見直す習慣を持っていなければ、お部屋はどんどんおもちゃに埋め尽くされ、子どもも大人も管理しきれなくなってしまいます。そうすると、片づけるのが難しくなり、お部屋はどんどん散らかっていきます。

そうならないように、親子で相談して、定期的におもちゃの量を見直すようにしましょう。

頻度としては、年2回程度がおすすめです。

学期が変わるタイミングや、誕生日・クリスマスなどの大きなものが増えるタイミングに設定すると、定期的に行ないやすくなります。

「お誕生日に、このおもちゃをもらってうれしいね。このおもちゃのお家は、どこに作ってあげようか?」

「最近、使っていないものは何かな? それを整理して、新しいおもちゃのお家を作ってあげよう!」

このように声をかけ、子どもと一緒におもちゃを見直すようにしてください。

具体的な見直し方は76ページで解説します。

きょうだいがいる場合の考え方

きょうだいがいる場合でも考え方は同じで、各自がそれぞれ管理できる量が「適正量」です。

例えば、1つのものをきょうだいで共有している場合、もの自体は1つでも、各自の容量にそれぞれ加えて考えます。共有物だけ容量とは別に考えて数に加えないと、子どもは持ちものを正確に把握することが難しくなります。

また、所有物は少ないに越したことはありません。きょうだいで共有するものが多いほど、合計で考えると、ものの量を減らすことができます。

KODOMO OKATAZUKE

2

「保存する思い出の量」を決める

思い出の品はどんどん増えていく

家族構成やお部屋の収納スペースを踏まえて、どの程度、思い出の品を保存できるか考えましょう。容量を決めておかないと、思い出は次々増えていきます。「最初に量を決める」というのは、重要なポイントです。

わが家の場合、収納スペースが少ないため、大人も子どもも思い出の品を入れる「思い出ボックス」は1人1個としています。大きさは、段ボール箱の中サイズ程度。5人家族なので5個保存中です。

素材はクラフト製がおすすめです。なぜなら軽くて丈夫なものが多くあり、幼児でも持ち運びがしやすいからです。

さらに、引越しの際に今までの家の広さとは異なり思い出ボックスを小さくしなければならなくなったときには、折り畳んで収納でき、劣化した際も資源ごみとして出すことができます。

プラケースは丈夫ですが重さもあり、段ボール中サイズの大きさともなると子どもが持ち運ぶのは難しいでしょう。また、必要がなくなって保管するときには、場所を取ります。そして処分するときも費用がかかります。

また、思い出ボックスには、誰のボックスかわかるようにラベルをつけましょう。

「自分のもの」とわかりやすくすることによって、子どもは管理することを喜び、きっと大切に扱ってくれるはずです。

「思い出の品をたくさん持っていたい」という方

は多いと思いますが、思い出は、思い出ボックスの中身に限らず、多くの場合ほかのところにもたくさん保存されています。写真、ホームビデオカメラで撮影したＤＶＤ、そして頭の中にも。

　お部屋の広い狭いに限らず、思い出ばかりにスペースを取られるのではなく、今の生活を一番に考えて、ゆったりと過ごせる空間を作っていただきたいと私は思います。

思い出ボックスがいっぱいになったら

　思い出ボックスの中身がいっぱいになったら、中身を全部出して子ども自身に整理してもらうようにします。

　思い出ボックスに入れてあるものは、子どもにとって全部大切なものです。それを理解したうえで、子どもに声をかけてあげてください。

　まずは、全部取っておきたい気持ちに共感し、具体的に褒めてあげましょう。


「そうなんだ。どれも思い出があるもんね。ママもこれ好きだよ。○○な部分や□□な感じがとても素敵だね」


　それからすべて取っておくと、今、大切なものを取っておけなくなってしまうということを伝えましょう。

　大人と違って、現在・過去・未来という時間感覚の理解は小さな子どもには難しいため、子どもでもわかる「今、大切なもの」を選んでもらいたいと説明します。


「これからもいろんな思い出のものが増えていくよね。思い出ボックスはこの大きさだから、全部は取っておけないんだ」

「中にあるものを1回全部出して、どれを思い出ボックスに戻すか、写真で撮って残すか決めよう」

伊東家の「思い出ボックス」

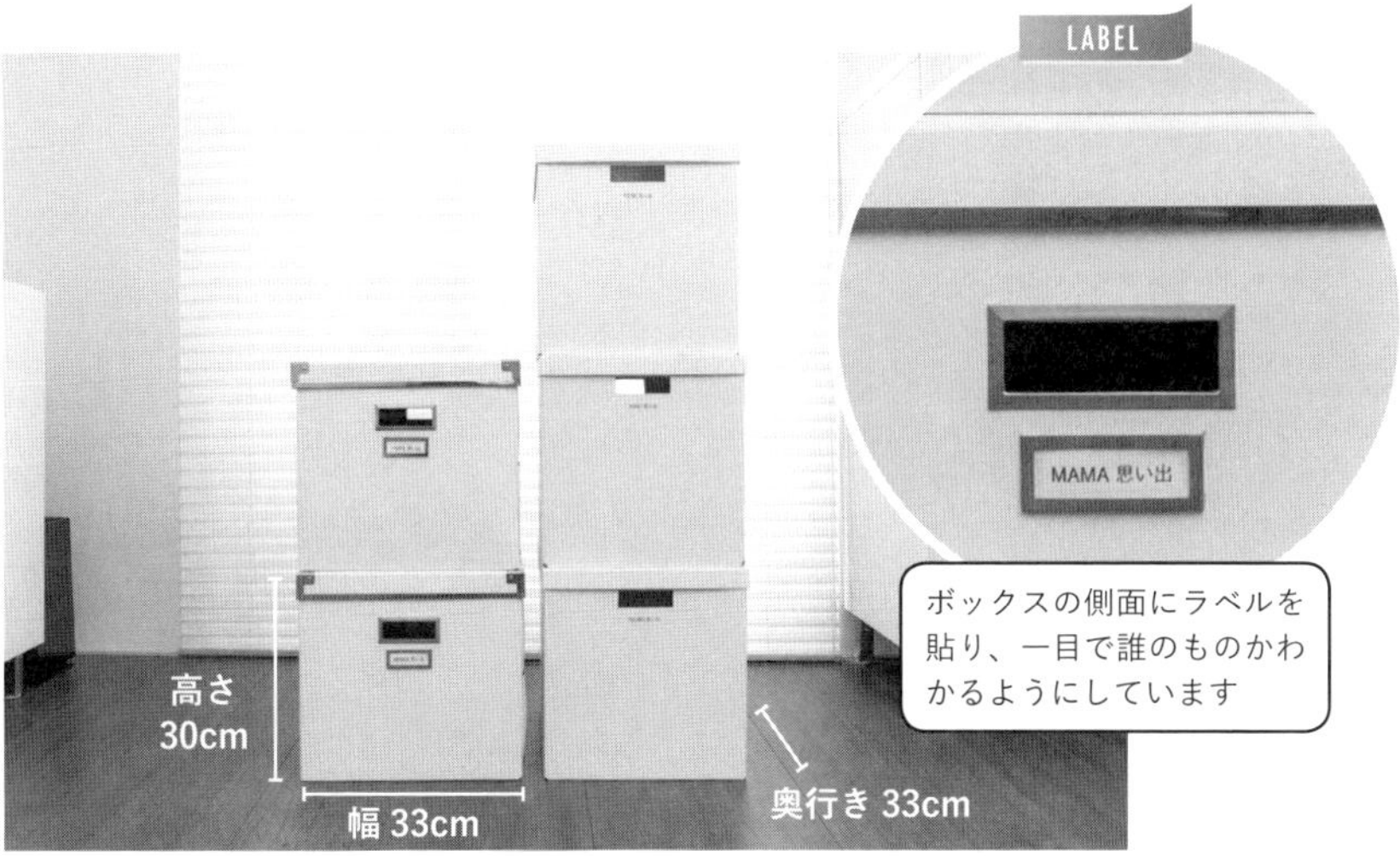
LABEL
MAMA 思い出
ボックスの側面にラベルを貼り、一目で誰のものかわかるようにしています
高さ 30cm
幅 33cm
奥行き 33cm

パパ、ママ、三姉妹の家族５人分、５つの思い出ボックスを保管

ありがとう
三女の思い出ボックス
自分で作った作品や人からもらった大切なものなどが入っています。細かいものはプラスチックの収納カゴを入れてその中へ

大切な思い出の品は、思い出ボックスのサイズを決めて、そこに入る量を子どもに伝えて保管しましょう！

もし、このように声をかけても「どうして思い出ボックスはこの大きさなの？　全部取っておいちゃいけないの？」と子どもに聞かれたら、お部屋のスペースには限りがあるということを子どもでもわかるように説明します。

「思い出ボックスの大きさを決めないと、思い出のものばかりになっちゃうよね。そうすると、お部屋の中に今使っているおもちゃやお洋服をしまえなくなっちゃう。お部屋の中がものだらけになったら、おもちゃを出して遊べなくなっちゃうよ。だから大きさを決めて、置ける分だけ大切にしまうんだよ」

「どれも大切なのはよくわかるよ。だから、さよならする前に、○○ちゃんと一緒に写真を撮ろう！　写真でずーっと大切に取っておけるから大丈夫だよ。これは（ものを見せて）、写真と思い出ボックス、どっちにする？」

まだ小さいからわからないのではないかと思っても、繰り返し伝えてあげてください。何度も一緒に思い出ボックスを見直していくことで、だんだん子どもも理解できてきます。

例外として、お部屋や収納スペースにゆとりがある場合は、思い出ボックスの数を1人1個にするというルールにこだわる必要はありません。2～3個あってもよいでしょう。

ですが、「あれもこれも取っておきたいから思い出ボックスを増やしてしまおう」という考え方は、ただ箱に入れているだけで、整理しているとは言えません。

人間が1日に判断できる数には限界があると言われています。

「何を食べよう？」「メールを返さないと」「どの服を着よう？」という判断をしているうちに、1

人が1日に判断できる数は決まっている

整理ができていない場合
あのペンどこ行ったかな？
絵本を返さなきゃ
明日はあの服が着たいけどシワシワかも…
おもちゃを片づけなきゃ
イライラ
モヤモヤ
整理ができている場合
ペンを取りに行って絵を書こう！
明日返す絵本をカバンに入れておこう
あのおもちゃで遊ぼう！

日の意思決定の数を使い切ってしまうと、理性が働かなくなり、欲望に支配されてイライラしたり、人に当たったりして、冷静な判断ができなくなるそうです。

意思決定できる数は限られているので、その大切な判断できる数を片づけのことで減らさないためにも、あらかじめ決めた簡単なルールを守り、楽しく思い出を整理していきましょう。

子どもは大人と違い、考えが柔軟で思い出の品に対する執着心が強くない場合が多いため、この思い出の整理の仕方を数回繰り返し伝えることでスムーズに行なえるようになります。

保存する思い出の量を決めることに苦戦するのは、子どもより大人のほうかもしれません。

KODOMO OKATAZUKE

3

収納場所は子どもでもわかるように！

このおもちゃのお家はどこ？

大人になると、タオルは洗面所、洋服は寝室のクローゼット、文房具は机の引き出しの中というように、あまり深く考えなくても、どこに何をしまうかのイメージができます。しかし、幼児の場合、どこに何を片づけるのかをはっきり決めなければ、しまう場所をイメージできず、1人ではお片づけできません。また、なんとなくしか収納場所を決めていないと、紛失にもつながります。

お片づけ教育では、「もののお家（定位置）」を決めて、それを子どもでもわかるようにすることが大切です。新しいものが増えるたびにこれを繰り返すことで、幼児でもどこにしまおうか考えることができるようになります。

収納場所に欠かせないラベル作り

もののお家をわかるようにする一番簡単な方法は、収納場所にラベルを貼ることです。

幼児期の子どもは、まだ文字が読めない場合が多いため、おもちゃの写真やイラストを用意し、収納ケースに貼ってあげましょう。

今はスマホで簡単に写真が撮れます。透明なカードケースを収納ボックスに取りつけておけば、カードサイズにプリントアウトした写真をそこに入れるだけで、子どもでもはっきりもののお家がわかります。

また、収納ボックスの中身を入れ替えたい場合、新しく写真を撮って、家の表札を掛け替えるようにカードケースの中身を入れ替えるだけで、新し

収納ラベルの作り方

用意するもの

・クラフトボックス
・マスキングテープ
・はさみ
・両面テープ

1

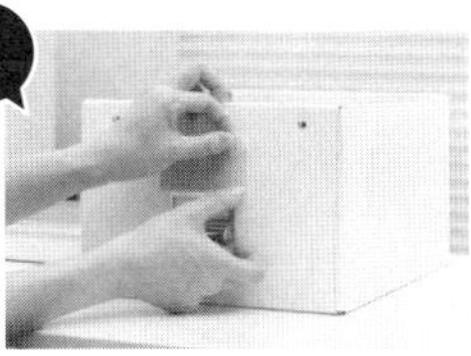

クラフトボックスにマスキングテープでラベルを貼る箇所の下地を作る

2

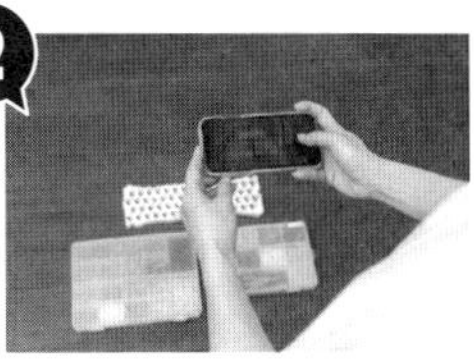

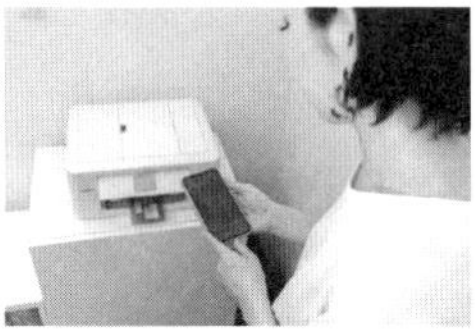

しまうおもちゃの写真を撮り、ボックスのサイズに合わせてプリントする

直接写真を貼る場合

3

プリントした写真の裏に両面テープを貼る

4

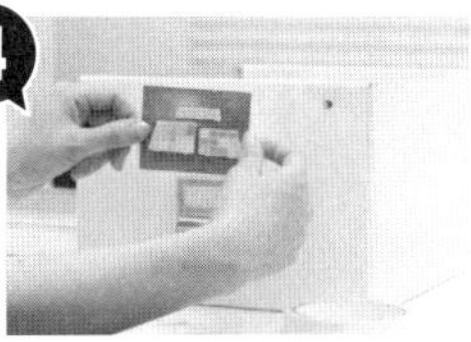

写真を❶で作ったマスキングテープの下地の上に貼る

5

完成!

POINT!

マスキングテープの下地があるから、簡単に写真を貼り替えられる

カードケースを使う場合

3

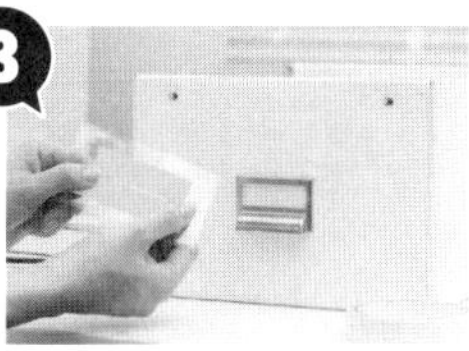

カードケースの裏に両面テープを貼り、❶で作ったマスキングテープの下地の上に貼る

4

カードケースに写真を入れる

5

完成!

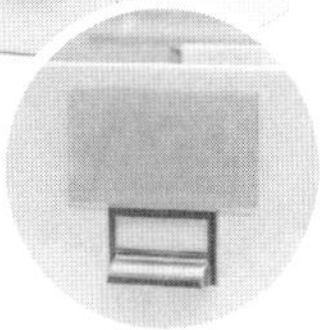

POINT!

写真を入れ替えればほかの収納に変えられる

収納につけるラベル例

LABEL

マステをラベルにする場合は、油性のマジックを使って大きめに書くのがポイント！

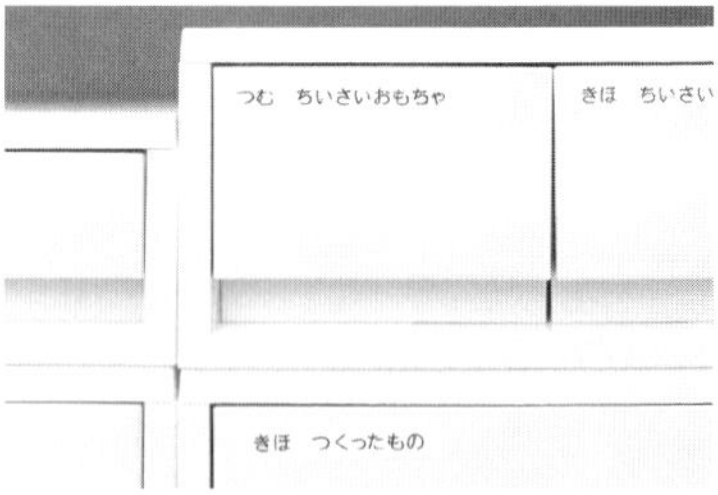

LABEL

ラベルライターで作る場合は、文字のサイズをできるだけ大きく設定して見やすく！

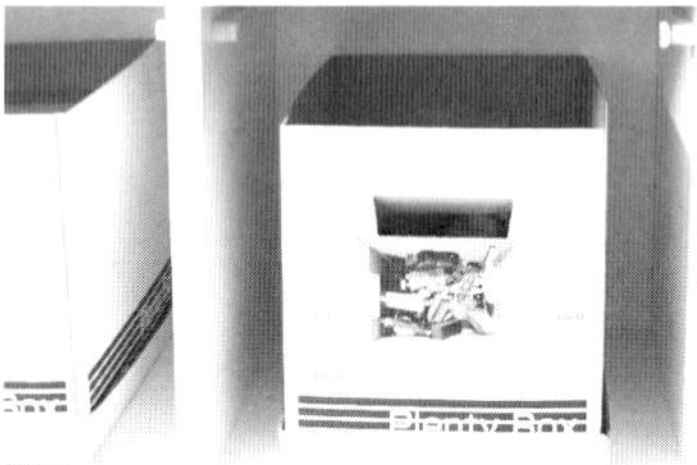

LABEL

乳児には、写真ラベルがおすすめ。箱が大きければＬ判、小さければ加工アプリを使ってＬ判の半分のサイズにプリント！

いものお家になります。

成長とともに、文字が読めるようになったり、そろそろ文字のお勉強をさせてあげたいな、という時期がきたら、写真の下にラベルライターかマスキングテープを使って、ひらがなのラベルもつけてあげると、ひらがなを覚えるきっかけにもなります。

ラベルライターで作る場合は、文字のサイズをできるだけ大きく設定して見やすくしましょう。マスキングテープの場合は、テープの上に油性マジックでおもちゃの名前をこちらも大きめのひらがなで書きましょう。

クラフト製の収納ボックスを活用するときは、ラベルライターのシールを直接ボックスに貼ってしまうと、剥がすときにボックスごと破れてしまうことが多いので、マスキングテープで下地を作って、その上から貼るとボックスもシールも再利用できます。

KODOMO OKATAZUKE

4

ベストポジションは動線に合った場所

1メートルの差がお片づけを左右する

「あれを書かなきゃ。ペンを取ってこよう」

記入して提出しなければならない書類を見つけ、ペンを取りにリビングへ。書類が置いてあるダイニングで書き終えると、そのペンがダイニングテーブルに置きっぱなしに……。

このようなことはありませんか?

用事があるときには、多少距離があってもあまり気にせず必要なものを取りに行けるのに、使い終わったあとは、「あとで片づければいいか」「リビングに行くときに持って行こう」「また使うかもしれないし」などと理由をつけて、もとの場所に戻せないということがあります。

では、リビングではなく、ダイニングテーブルのすぐそばにペン立てがあったらどうでしょう。

すぐに使えるだけでなく、強く意識しなくても使い終わったらすぐにもとの場所に片づけられるのではないでしょうか。つまり、たった数歩、数メートルの違いでも、お片づけのハードルの高さはずいぶん変わるのです。

よく使う場所に収納するのが重要

大人でも収納場所がちょっと遠いだけで片づけが面倒になってしまうのですから、子どもの場合はなおさらです。

お片づけのハードルをできるだけ低くするためには、「よく使う場所のなるべく近くに収納する」ということが重要になります。

おもちゃは子ども部屋にしまいたい、衣類をリ

片づけやすい収納場所の決め方

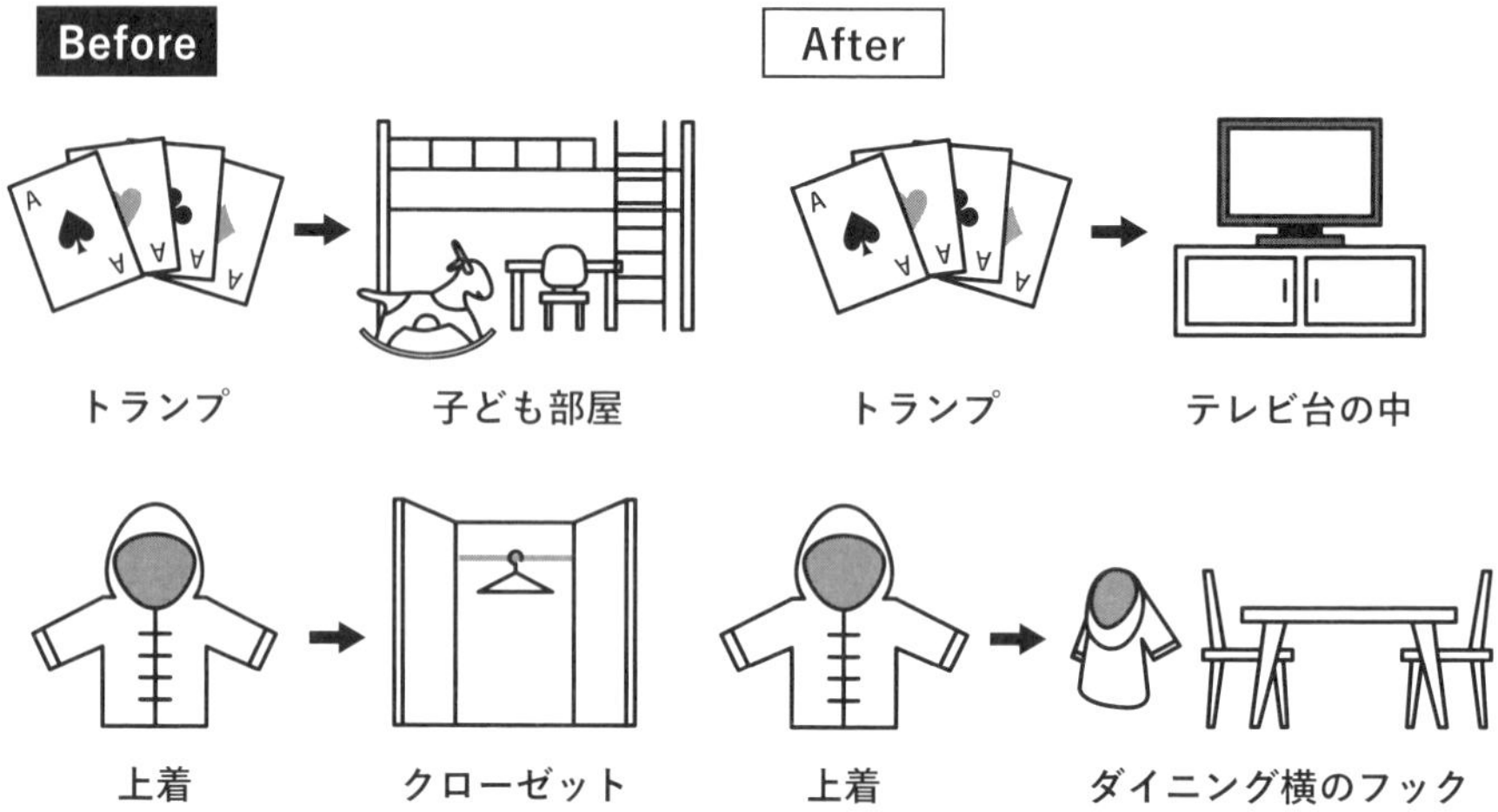

ビングに置きたくないなど、ご家庭によっていろいろな考えがあるとは思いますが、子どもが自分で片づけられる環境を作りたいならば、既成概念に縛られず、使い勝手のよい場所に収納を作ることが大切です。

家族みんながリビングに集まってよくトランプをするなら、子ども部屋ではなく、リビングのテレビ台の中にトランプをしまう。

いつもコートがダイニングの椅子の上に脱ぎっぱなしになっているなら、ダイニングテーブルの横にコート掛けのフックを設置する。

そんなふうに、「おもちゃは子ども部屋」などと決めつけず、子どもにぴったりの収納場所を見つけてあげてください。「どうして片づけられないの!?」と怒る前に、本当に片づけやすい場所に収納されているか、片づけるハードルは高くないかを見直してみてください（「動線」についてはCHAPTER5でも解説します）。

動線に合わせて収納した状態

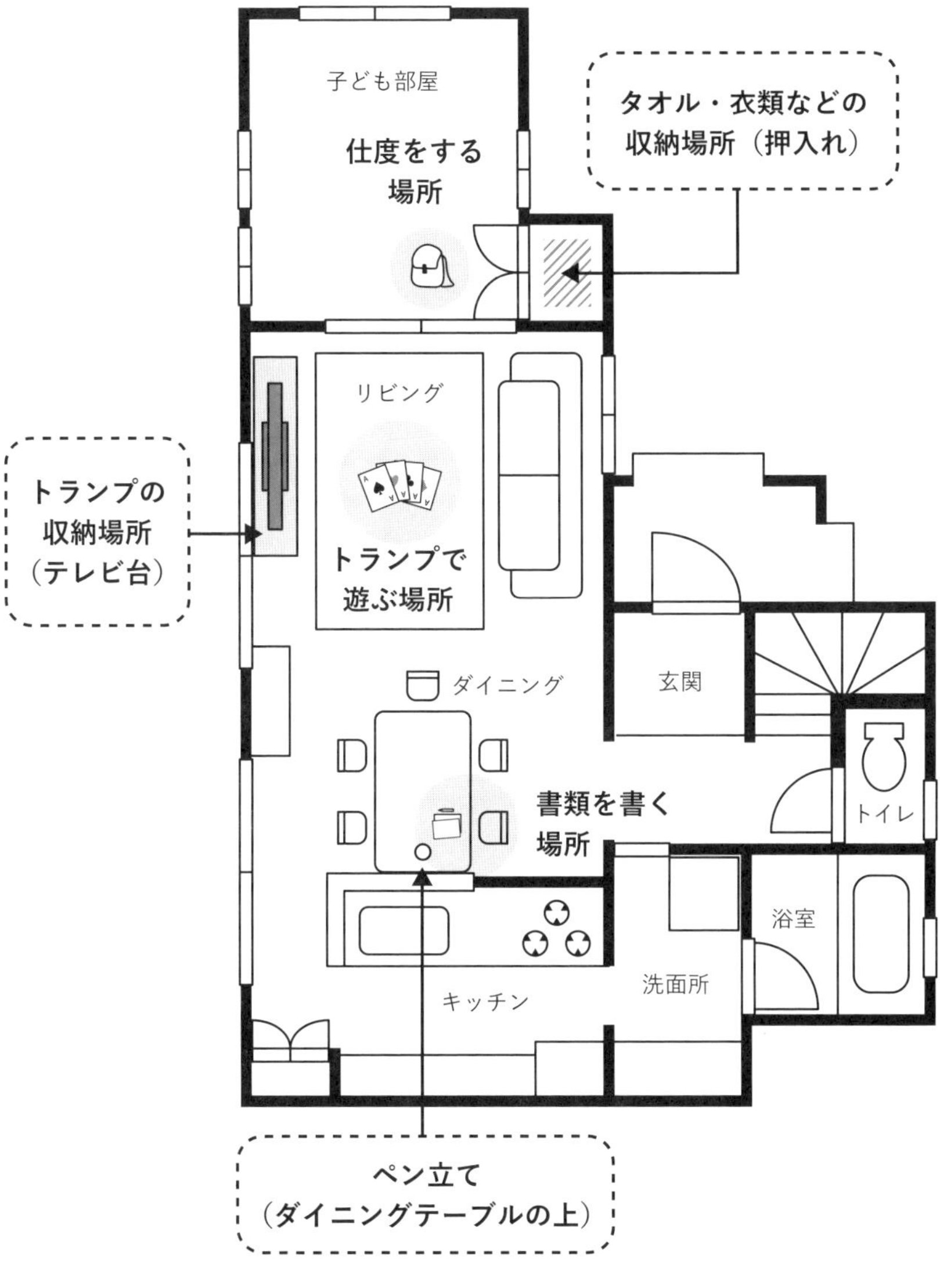

KODOMO OKATAZUKE

5 子どものタイプ別「やる気スイッチ」

3つのお片づけタイプ

子どもが片づけられない理由はさまざまです。ただ、ある程度の傾向はあります。私は大きく分けて3つのタイプがあると考えています。

子どもがどのタイプに当てはまるかがわかると、どのように収納すれば自主的に片づけられるようになるか、どんな声かけをすればやる気スイッチがONになるのかがわかるので、大きなヒントとなります。

①もとに戻すことが苦手！「ズボラタイプ」

使いたいときには奥のほうにしまってあっても、距離が遠くても取りに行きますが、使って満足してしまうともとに戻すのが面倒になり、「あとであの部屋に行くついでに戻そう」と考え、すべて後回しにしてしまうタイプです。そのため、あっという間に散らかしがちです。

ズボラタイプさんには、無駄な動線を省いた、細かく分けないザックリ収納する方法が合っています。

収納は、タイプに関係なく動線を考えて用意していきますが、その中でもズボラタイプさんの場合は、とにかく簡単で動作が少なくて済む方法でないとお片づけが習慣化できません。

ビジュアル的にきれいに整頓された細かい収納に「すごい！」と喜んでも、実際自分が片づけるときになると、その細かい収納に戻すという行為は長続きしません。

ズボラタイプの特徴

☑ 出しっぱなしにしがち
☑ ザックリ収納が向いている

そのため、細かい分類はせず、ザックリとしたジャンル別に分けてポイポイ簡単に入れられる収納がおすすめです。

並べたり、きれいに置くということまでは求めず、ザックリ収納する場所に戻せたらOKというお片づけであれば、「なんだ！ 私でも簡単にできる！」という達成感を得られます。さらに、「すご〜い！ 上手に戻せたね！」と褒められたら、それが自信になり積極的に片づけられるようになっていきます。

超面倒くさがりのズボラタイプさんは、なるべくワンアクションで簡単にもとに戻すことができる仕組みを意識しましょう。

②よく考えて行動する「慎重派タイプ」

おもちゃを出すときも、何をするにもすぐ行動には移さず、まずは周りをよく見て、何があるのかひと通り確認してから慎重に行動するタイプ。

「このおもちゃは遊んだことある」
「あれは初めて見たけど、今誰かが使っている」
こんなふうに、小さいながらに周りの行動をしっかり見ながら慎重に行動に移すことが多いのが特徴です。慎重に行動する理由は、その子によって違います。

お友達とのものの取り合いなど、トラブルを避けたい、どんなおもちゃがあるのかよく見てから遊びたい、恥ずかしくて行動に移すまで時間がかかるなど、それぞれです。

慎重派タイプさんは、自分の気持ちを抑えていたり、声には出さないけれど頭でよく考えていることが多く、大人がそれを読み取るのは難しい場合があります。

そして、1つのことに集中すると、誰が声をかけても聞こえない、なんてこともあります。そのため、夢中になっていることを邪魔されると機嫌が悪くなることもあり、理屈で説明しても、さらに機嫌が悪くなるだけでお片づけができません。

私が見てきた慎重派タイプさんの子どもは、大人のことも子どものこともよく見ているので、大人が片づけている姿を日々見せることで、子ども自身も意識でき、習慣形成が早く、とても丁寧なお片づけをしてくれます。ズボラタイプさんとは反対に、細かくもののお家を作ると気持ちよいと感じる傾向にあります。

また、その仕組みも大人目線ではなく、子ども目線、その子目線で作ると効果が高まりますので、子どもの意見や気持ちを聞きながら仕組みを作っていくとよいでしょう。

慎重派タイプさんの場合、ブロックでいうなら、色別に収納されていたり、細かいパーツが種類別に収納されていると気持ちよいと感じ、積極的に片づけてくれる傾向にあります。また、自分の好

慎重派タイプの特徴

☑ 周りをよく見てから行動する
☑ 種類分けされた収納、きれいに並べる収納が好き

きなものが見えるように収納されていたり、きれいに並んでいたりすると喜びます。

次に行動することも頭で考えていたりするので、使っていないおもちゃが混ざっていると不快に感じます。そのため、よく遊ぶおもちゃ同士が近くに収納されていると思い通りに遊ぶことができ、きちんともと通りに片づけたいという想いが強いので、自分でお片づけすることができます。

③つい興奮しすぎる「好奇心旺盛タイプ」

お友達と遊んでいるとき、何か新しいものがきたとき、たくさんのおもちゃに囲まれたときなどのタイミングは、何を言っても耳に入らないのが好奇心旺盛タイプさんの特徴です。

普段の生活の中では、何も言われなくても自分で片づけたり、寝る前には必ずおもちゃをもとに戻すことができます。しかし、お友達と一緒にいて興奮しているときや、好奇心がくすぐられることがあろうものなら、すぐに飛びつき、無心で遊び、お母さんの声かけが全く耳に入りません。これが、好奇心旺盛タイプさんの特徴です。

普段はきちんと片づけられるとはいえ、お友達と足の踏み場もないくらいおもちゃを広げていたら、けがをしてしまうかもしれませんし、お出かけの時間が迫っているのに散らかりっぱなしでは、帰ってきたときリラックスすることができません。

では、このタイプの子に片づけてもらいたいときはどうしたらよいでしょう。

それはズバリ、「一度目を覚まさせる」です。

その好奇心を掻き立てる場所から一度離れて、興奮状態を落ち着かせる必要があります。

一番簡単なのは、別の場所へ移動させて落ち着かせる。そして、普段のルールを思い出してもらう、という方法です。

大切な話がある、秘密の話があるなどと言って、子どもを別の場所に誘導します。それからしっかり目を見て、普段のルールについて話をします。

「○○ちゃんが楽しいのはわかるけど、ママのお話を聞いてくれてないから、今ここにきてもらったの。遊んでいないおもちゃはどうするんだっけ？」

このように、子どもが答えられるように声をかけます。

そして、「おもちゃをお家に帰してあげないと、迷子になって、もう遊べなくなっちゃうよ。出しっぱなしのおもちゃを助けてあげて！」と言えば、やる気スイッチが入ります。

それでも興奮が冷めないこともあります。そんなときは最終手段を使います。

好奇心旺盛タイプの特徴

☑ 興奮すると周りが見えなくなる
☑ 別室で落ち着かせれば片づけられる

「ママ、いいこと思いついた！」と大きな声でひらめいたかのように言います。そして、「このたくさんあるおもちゃたちは、○○ちゃんより大切にしてくれるお友達にプレゼントすることにする。そうすれば、おもちゃも喜ぶよね〜♪」と伝えるのです。

そこで、多くの子どもは「自分はおもちゃを大切にできる！」と伝えてくるでしょう。「大丈夫！　今からちゃんとお家に帰してあげるから」「僕もおもちゃを大切にできるよ！」など子どもも我に返って考え直し、お片づけをする姿が見られるでしょう。

逆に、「いいよ〜」というときは、子どもの前で本当に別の場所におもちゃを移動させましょう。子どもによっては、大人が本当に誰かにプレゼントするのか様子を見ていたり、本当にいらないと思っている場合もあります。

その後、本当にお友達に譲るのか、別の場所で保管し続けるのかは、親の判断でよいでしょう。

そのとき片づけたくなくて、「いらない」と子どもが判断したものでも、自分自身が判断した責任を考えるとてもよい機会になるので、必ずいったん移動させてしまいます。

この経験によって、子どもがその場の感情で判断しがちで危険だなと親が感じれば、次に同じような場面で、その場の感情で判断しないように「さようならして大丈夫？」と一言だけ声をかけます。

通常、ものを仕分けるときには、直感で「使っている・使っていない」で分けるため、深く考えさせる必要はありません（76ページ参照）。

たとえ後悔を繰り返しても、本人がそれを経験することに意味がありますので、親はそれを見守りましょう。

そうすることで、子どもはだんだん過去の経験を思い出したうえで、判断できるようになっていくはずです。

タイプを意識した収納を作ってみよう

3つのタイプを紹介してきました。

あなたの子どもはどのタイプに当てはまりましたか？

わが子がどのタイプかわからない方は、まずは日々の様子を観察したり、幼稚園・保育園でのお片づけの様子を先生に聞いてみたりすると見えてくるかもしれません。

ものの整理の仕方の基本は同じです。ただ、収納を作るうえで、タイプ別を参考に収納するとより子どもが自主的に片づけやすい仕組みに近づきます。

ぜひ参考にして取り入れてみてください。

KODOMO OKATAZUKE

6

タイミングを決めると習慣化できる！

いつお片づけするかを決める

毎日忙しいと、時間とやらなければいけないことに追われ、片づけるタイミングを見つけることが難しくなります。そして、いつも出したままの状態につながっていきます。

使ったらすぐ片づけることを徹底したいという方もいますが、そのつど子どもに片づけるよう声をかけるのも、これはこれでとても大変。

また、頻繁に親から「片づけなさい」と言われていると、子どもは「片づけて」という言葉を聞くことがだんだん不快になり、苦手意識を持ち、やがて片づけ嫌いになってしまうのです。

それを防ぐためにも、家族で片づけるタイミングをルールとしてあらかじめ決めましょう。

お片づけのタイミングについて、子どもと落ち着いて話ができるときに相談します。「○○ちゃん、毎日何回もおもちゃをお家に帰してあげるのは大変？」と、まずは子どもの気持ちを聞いてみましょう。それから、親の考えを伝えます。

「ママは、とっても大変だと思うんだ。だから、『このときだけはちゃんとお家に帰してあげる』って、おもちゃと約束してあげない？」

このように提案します。それから、お片づけのタイミングについて相談します。

お片づけのタイミングは1日3回がよいと言われています。具体的には、「寝る前」「出かける前」「食事の前」の3回ですが、まずは1つずつ習慣

お片づけの3つのタイミング

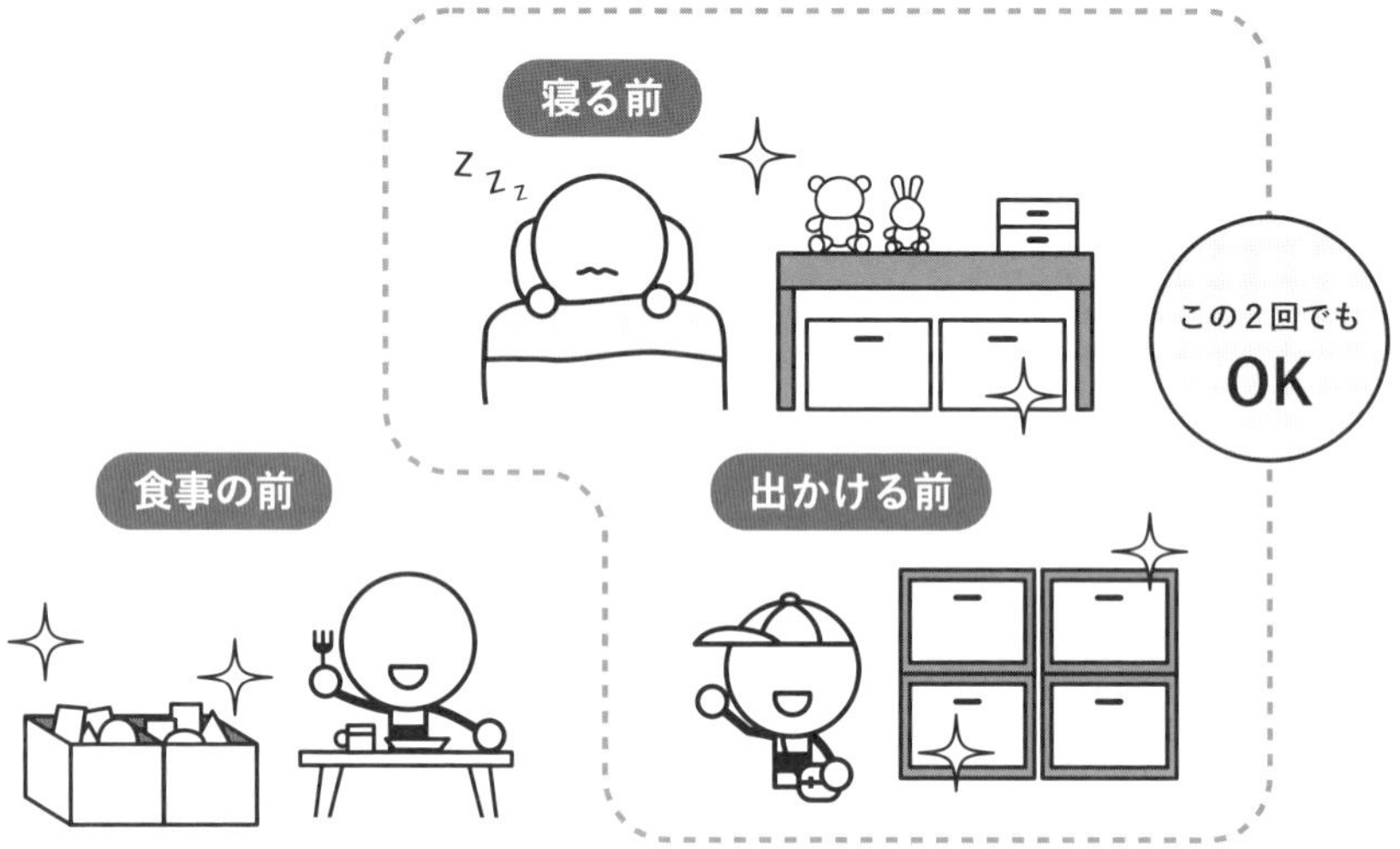

化できるようにしていきます。

最初は「寝る前」です。寝る前にスッキリとお部屋をきれいにして、次の日も気持ちよくスタートできるようにします。「寝る前」が習慣になってきたら、次は「出かける前」にも片づけられるよう意識し、声をかけましょう。

そのほかのタイミングは、明らかに使っていないものは片づけてもらうとしても、まだ続きをしたいと伝えてきたときは、続きをするものだけ邪魔にならない位置に移動させるよう声をかける程度でよいでしょう。

「おもちゃは1日3回お家に帰るの。『寝る前』『お出かけする前』『ご飯を食べる前』の3回だよ。○○ちゃんがお片づけできるように、1つずつやってみよう」

このように、ルールを押しつけるのではなく、提案する形、相談する形で子どもに話します。

KODOMO OKATAZUKE

7

お片づけが身につくかは「声かけ」次第

大切なのは「気持ち」を考えること

すでに説明したように、おもちゃやおもちゃを作ってくれた人の気持ちを代弁する伝え方をすると、幼児でもものや人の気持ちを意識でき、お片づけを前向きに考えることができます。

親自身がおもちゃの気持ちを考え、それを代弁して子どもに伝えることを意識してみてください。少し照れくさく感じる方もいるかもしれませんが、大人のほうが真剣におもちゃの気持ちを伝えなければ、子どもも真剣には考えてくれません。

「大切に使ってあげると、おもちゃもおもちゃを作ってくれた人も喜んでくれるよ」など、子どもが想像しやすい声かけをしてあげましょう。

最初は頻繁に声かけが必要になりますが、繰り返すうちに子どもも理解し、親に言われなくても自分でおもちゃの気持ちを考えて行動できるようになります。

習慣化するまで繰り返し声をかける

片づけると気持ちがよいということ、頼りにしているということなど、子どものやる気スイッチが入る声かけを積極的にしましょう。

「お家に帰れたおもちゃも喜ぶし、お部屋もスッキリして○○ちゃんもゴロ～ンして遊べるね♪」

「ママやパパも、お部屋がきれいだととっても気持ちがいいな」

このように伝えていきます。この声かけは、一度伝えたらおしまいではなく、毎日繰り返しましょう。

コラム

お片づけ先生流

子どもが自分で
お風呂上がりの支度ができる洗面所

お風呂に入るとき、親が子どもの下着やパジャマを洗面所に持って行っていませんか。夜寝る前の時間帯はとても忙しくしているため、各部屋を行き来するのは親も大変ですよね。この動作は、洗面所に下着やパジャマを収納することで省くことができます。また、小さいうちは親子で入浴するので、親の下着やパジャマも洗面所にあればとても便利です。

洗面所は狭い場合が多いため、パジャマや下着を収納する場所がないと思い込んでいる方も多いと思います。しかし、今、洗面所に収納されているものを見直してみると、移動できるものがあるかもしれません。「これと子どもの下着、どっちが洗面所に収納されていたほうが便利？」と自分に問いかけてみてください。また、洗面所に全く収納がない場合は、リビングから洗面所に行く動線上に下着とパジャマを収納するという方法もおすすめです。

入浴後に必要になるものの順番は、「タオル→下着→パジャマ」でしょう。この順番をそのまま収納の優先順位と考えます。

浴室から出て一番近くの子どもの胸の高さの収納にタオルをしまいます。体を拭くタオルはバスタオルではなく、フェイスタオルで十分です。わが家の場合は、家族全員バスタオルを使用していません。大人は大きめのフェイスタオルを活用しています。こうすることで、洗濯もラクになりました。

下着とパジャマは持っているものすべてを収納しようとは考えず、例えば２組だけ洗面所に置くだけでもすごく便利になります。

広さに合ったできる範囲での仕組みを考えてみましょう。子どもが自分でお風呂上がりの身支度ができると早寝につながるかもしれませんよ。

CHAPTER

3

子どもが自分で簡単に片づけられるための5ステップ

KODOMO OKATAZUKE

1

《STEP❶》子どもとおもちゃについて考えてみよう

お片づけのための5つのステップ

ここからは、お片づけを習慣化するために、次の5つのステップについて解説していきます。

《STEP❶》おもちゃについて考える
《STEP❷》おもちゃを厳選する
《STEP❸》便利な場所に収納する
《STEP❹》できた喜びを親子で共有する
《STEP❺》声かけで習慣化する

子どもの様子を観察する

子どもが3歳くらいになったら、親子で一緒に持っているおもちゃについて考える機会を作りましょう。

3歳以下であれば、親がおもちゃの量を何となく把握しているという環境だと思います。ですが、3歳を目安に「子どもが把握できる量を持つ」というふうに意識を変えてみてください。

お片づけに対する悪い印象も、よくない習慣も根づいていないこの時期に、きちんとおもちゃについて考える機会を作れば、片づけを前向きに捉えられる子になります。

前述した通り、3歳は「これは自分のもの」と意識しはじめる年頃でもあり、ベストなタイミングと言えるでしょう。

まずは持っているおもちゃの量を知る

子どもは、単純におもちゃを多く持っていることに喜びを感じるところがあります。しかし、子どもに考えて気づいてもらいたいことは、次のようなことです。

- **何をして遊ぶことが好きか**
- **大好きなおもちゃは何か**
- **たくさんのおもちゃがお部屋にあるとどうなってしまうのか**

　これらを子どもに知ってもらうことで、おもちゃを収納するにあたり、どんな仕組みを作ったらよいのかの参考になります。

　例えば、めったに遊ばないおもちゃや、もう使っていないおもちゃなのに、すごく取り出しやすい位置に収納されていたらどうでしょう。

　場所を占領されて、よく遊んでいるおもちゃが遠くに収納され、取り出しにくく、しまいにくい位置に置かれてしまいます。そして、多くのものに囲まれると生活もしづらく、ものを大切にすることはもちろん、片づけ方もわかりません。

　さらに、ものが多いことが原因だと気づかず、「うちの子は、どうして片づけができないのか」と日々悩んでしまうのです。

　では、どうすればこの悩みを解決できるのでしょうか。それは、持っているおもちゃの量を把握することです。

　何を持っているか明らかにし、「こんなにたくさん持っていてすごいね」ではなく、「こんなにたくさん持っていたんだね。だからお片づけが大変だったんだね」と伝えてあげてください。

　それから、今使っているおもちゃを確かめます。

「いつも使っているおもちゃの中で、特によく遊んでいるおもちゃはどれかな？」

　このように子ども自身に聞いてみて、よく遊ぶおもちゃの順番がわかるようにメモを取ったり、並べたりしてみましょう。

　そして、「これから一緒におもちゃが使いやすく、片づけやすいお部屋に変身させよう！」と子どもがワクワクできるように伝えてください。

出番の少ないおもちゃについて考える

「使っている・使っていない」を判断する機会を作らないと、おもちゃはどんどん増えていきます。出番が少なくなってきたと感じるおもちゃについては、親子で扱いを考える機会を作りましょう。

きれいで状態のよいおもちゃであれば、誰かに譲ることを相談します。

「最近、このおもちゃで遊んでいないね。もう使っていないから、○○ちゃんより小さなお友達にプレゼントしてあげようか？ きっと喜んでくれるよ♪」

すると、「うん。もう使わないから、○○ちゃんにあげる！」と子どもの口からお友達を指定する場合も多く見られます。その場合はきれいにして、子どもの手からプレゼントできたらよいですね。

使っていなくて、一部壊れている、汚れがひどいなど、人に譲れる状態でなければ、「バイバイしようね」と子どもに確認し、処分しましょう。

使っていないけれど必要なものの場合

「使っていないけど、このおもちゃはいる」と子どもが言うときは、そのものに思い入れがあるのかもしれません。前述したように、「思い出ボックス」を1つ用意します（47ページ参照）。

そして、思い出の品の扱いについて説明しましょう。

「大切だけどこのおもちゃで遊んでいなければ、遊んでいるお部屋にあると、ほかのおもちゃが出しにくくなっちゃうから、思い出ボックスにお引越ししたらどうかな？」

「いつも思い出ボックスにはあるから、見たくなったり使いたくなったりしたら、また○○ちゃんが出してあげればいいんだよ」

それから、思い出ボックスに移動させる行為も、

親子でおもちゃを整理してみよう！

親が行なうのではなく、なるべく子どもが自分で行なうようにしましょう。

思い出ボックスは、基本的には高い位置にある収納やデッドスペースで保管します。

ですが、例えば思い出ボックスを頻繁に見て楽しむ姿が見られれば、子どもの手が届く位置に収納したほうがよいでしょう。日常的に使わなければ、基本的には台に乗らないと取れない場所や奥行きのあるスペースの奥に置きます。

プレゼントでおもちゃをもらった場合

プレゼントとしておもちゃをもらう機会も多くあるでしょう。このようなときは、お家に迎えた時点で、子どもに相談します。

「新しくもらったこのおもちゃのお家はどこに作ってあげる？」

この質問に対して、子どもならではのアイデアや、「えっ、そこ？」というようなちょっとおかしな場所を指定することもあります。

その場合も否定はせず、「なるほど。よく考えたね」など子どもが考えて発言したことを受け止めてから親のアイデアや、どうしてここがよいと思ったのかなどを話すと楽しく作業できますよ。

はじめのうちは、答えられない子も多いかもしれません。そんなときは、「このおもちゃは、どのお部屋で遊ぼうか？」と、質問します。

例えば、「テレビのお部屋！」とリビングを指定してきたら、子ども部屋に限らずリビングに子どものものを収納できるスペースを確保します。

「じゃあ、このお部屋のこの辺りだったら、使ったあとに簡単におもちゃのお家に帰せると思うんだけど、どうかな？」などと話をしながら決めていくことが大切です。

このようにおもちゃに対する子どもの考えを知ることで、お部屋がスッキリするだけではなく、子どもの知らない一面を見ることができます。

機会を作れば子どもでも考えられる

子どもに質問する目的は、その子がよく使っているもの、大好きなおもちゃを知り、それを子ども自身も自覚し、出し入れできるように収納するためです。

個人差がありますが、3歳くらいになれば質問に答えることもできるようになってきますので、「うちの子はできない」と決めつけずに、まずはお話しする時間と環境を作り、ぜひ一度質問してみてください。

テレビがついていたり、子どもが何かに夢中になっていたりと、気が散る環境ではできませんが、子どもと向き合いながら、「今はおもちゃのお家を考える時間」という機会を用意し、親子で楽しく整理できるよう笑顔で質問してみましょう。

3歳未満の子どもの場合は、子どもがいつもどんな遊びをしているか、どんなおもちゃを使っているか、どんな遊びをしているときが楽しそうかなど、親が子どもの様子をじっくり観察して収納してみてください。

多くの幼稚園や保育園では、先生が子どもの成長に合わせてロッカーの配置を決めたり、おもちゃを収納したりしています。

これと同じように家庭での生活の中で、子どもが自分の持ちものやおもちゃについて考える時間、そして収納する場所を変えてどう生活が変わるか体験する時間があると、ものへの気持ちやお片づけに対する考え方が変わると私は考えています。

家庭でも各施設でも、生活するうえで必要なお片づけ。

ぜひ機会を作って子どもに「収納が変わると生活が変わる」という体験をさせてあげてほしいと思います。

KODOMO
OKATAZUKE

2

《STEP❷》「使っている・使っていない」で分けよう

おもちゃ1つひとつについて考える

次は、《STEP❶》でお伝えしたように、質問の答えや子どもの様子を参考にしながら、《STEP❷》に移ります。3歳未満の子どもの場合は、自分でやるのは少し難しいかもしれません。ですが、この《STEP❷》の作業を子どもの前で親がやって見せると、自分でもやってみたいと興味を持ち、遊び感覚で作業する姿が見られることもあります。様子によっては、年齢に関係なく子ども自身にやらせてあげましょう。

おもちゃを厳選する（仕分ける）

片づけはじめる前に、まずはおもちゃを「厳選」します。

なぜおもちゃを厳選する必要があるのかというと、ものを所有する際は、管理者、つまり子ども自身が管理できる量しか持たないことが大切だからです。

特に幼児の場合は、管理できない量を持つと、たくさんのおもちゃをただ広げることに満足してしまい、もとに戻すことがより難しくなります。また、「あれはどこ?」と親に確認したり、持っていることを忘れて同じようなおもちゃをほしがったりすることもあります。これでは自分でお片づけができる子になるのはとても困難です。

私が考える「厳選」とは、子どもが日常的によく使うおもちゃと、めったに使わないおもちゃ、さらには使っていないおもちゃが混在しないようにすることを指します。

これらが混在していると、片づけるのが大変になるのはもちろん、使いたいときも取り出すまでに時間がかかってしまいます。これこそが片づけられないクセを根づかせる原因となってしまうため、厳選することがとても大切なのです。

では、どうやって仕分けていくとよいのでしょうか。3歳くらいまでは、親子で一緒に行なってみましょう。

まず、子どもが持っているたくさんのおもちゃを1つひとつ手に持ち、確認していきます。

分類の仕方は先ほど説明した通り「使っている・使っていない」で分けていきます。

「いる・いらない」で仕分けてしまうと、子どもは「捨てられるかもしれない」と不安に感じ、「全部いる！」と答える子が多く、厳選になりません。必ず「使っている・使っていない」という聞き方にしてください。

広いスペースにおもちゃを出して、「左は使っているもの・右は使っていないもの」と分けて置いていきます。スペースが狭く、境目がわからなくなりそうなときは、マスキングテープで境界線を作るとよいでしょう。

また、仕分け作業の際に、収納ボックスの中からゴミやほこりが出てくることがありますので、ゴミ袋や濡らした雑巾を用意しておくと便利です。

数えきれないくらいおもちゃがある場合、1日で全部を厳選しようと考えず、「今日はこの引き出し」などと決めて、数回に分けて行なうとよいでしょう。

一気に仕分ける作業をしたいところですが、子どものお片づけのモチベーションが下がっては逆効果。子どものペースに合わせることが重要です。

3歳が集中できる時間は2～3分程度と言われていますが、実際は30分から1時間平気でできる子もいます。

様子を見ながら休んだり、遊んだりしつつ、ペースをつかんでいくとよいでしょう。

集中力をキープするコツは、楽しくなるような声かけをすることです。真面目に作業するというよりも、笑いながら楽しく行なうことで、仕分け作業を子どもが自主的に行なう姿が見られます。

子どもが飽きてきてしまい、自分でやらなくなってしまったけれど、あと少しで終わるという場合は、親がおもちゃを1つずつ持ち、「これ使っている？　使っていない？」と声や話し方を変えながら、面白おかしく子どもに聞いていくとより楽しく作業ができるでしょう。

そのほかの気持ちを切り替える方法としては、次のようなものがあります。

- **そのおもちゃを使っていたときのことを話す**
- **あともう少しで終わりそうなときは、「すごいね。ここまでできたんだね！」「あともう少しで終わるよ」と頑張っていることを声に出す**
- **歌いながら片づける**
- **子どもが好きな音楽を流してあげる**
- **違う話をする（お片づけとは関係のない、保育園の話、好きなものの話など）**

集中力がなくなってしまったな、気持ちの切り替えが必要かなと感じたら、これらのことを試してみてください。

最後まで終わらなかった場合、厳選途中のおもちゃは、空き箱や袋に入れて保管し、様子を見て再び進めていきましょう。

無理強いは禁物です。無理にやらせようとすると、「お片づけは嫌なもの」という印象になってしまいます。焦らず、楽しみながら、少しずつ進めていってください。

おもちゃの「厳選」の仕方

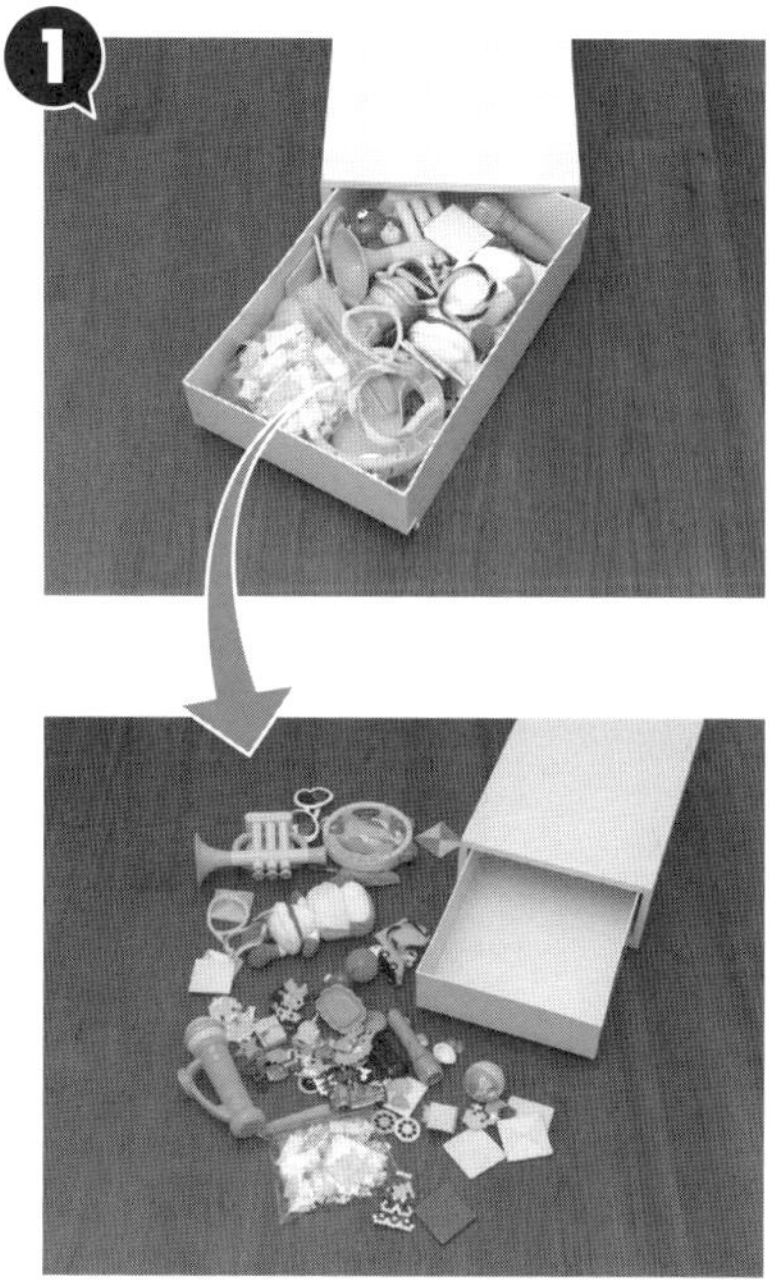

整理したい収納の中身を全部出す

おもちゃを1つずつ手に持ち、「使っている」「使っていない」に分ける

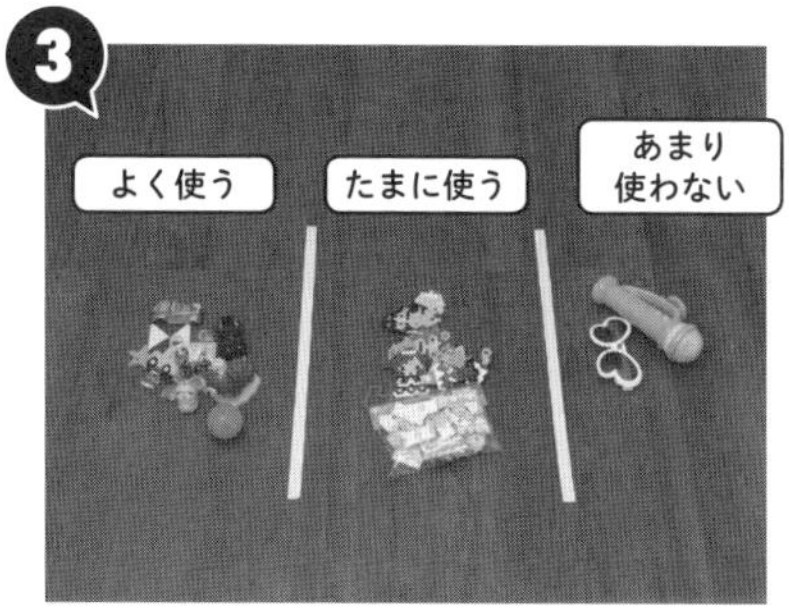

「使っている」に分けたものを、さらに「よく使う」「たまに使う」「あまり使わない」に分ける

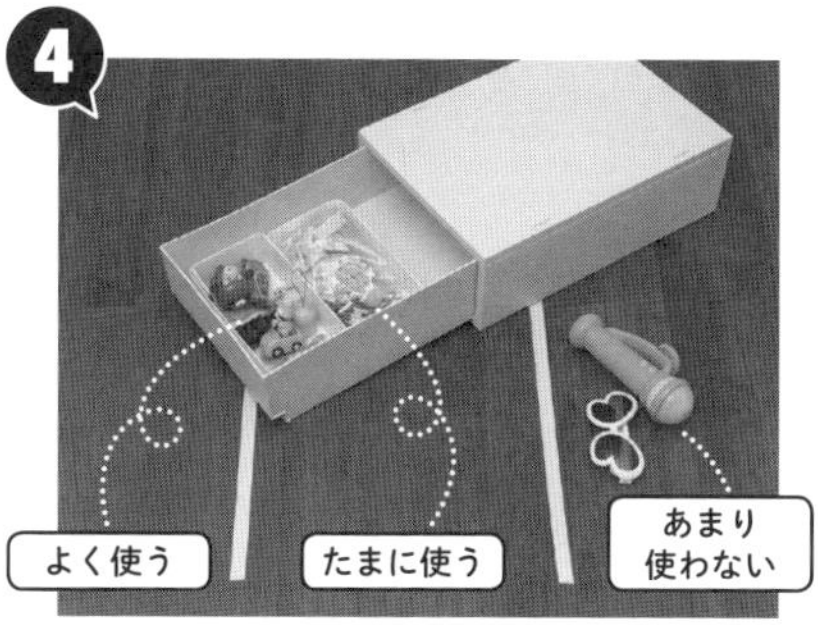

「よく使う」に分けたものから順に、収納の手前に入れていく

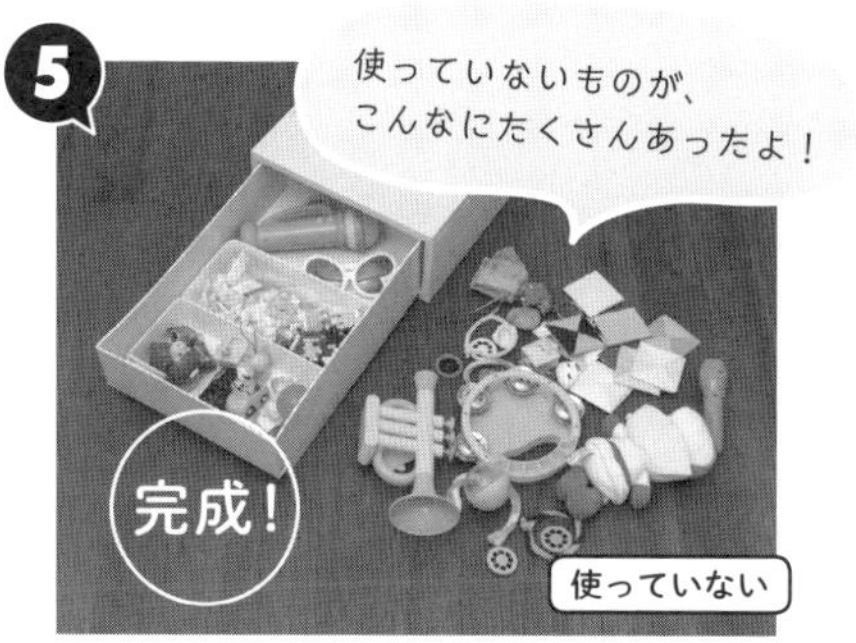

スッキリ取り出しやすい収納に大変身！

KODOMO OKATAZUKE

3

《STEP❸》

「使っているもの」を便利な場所へ

無理なく片づけられる収納場所は？

「いつも、どのお部屋で遊んでいますか？」

お片づけ指導の際にこう質問すると、「子ども部屋があっても、実際はその部屋で遊んでいないことが多く、だいたいリビングで遊んでいます」という回答をよく耳にします。

その場合、子ども部屋によく遊ぶおもちゃを収納していたらどうでしょう？

58ページの「ズボラタイプ」で紹介したように、大人も子どもも共通しているのですが、遊びたい（使いたい）と思うときは、遊ぶ（使う）という目的があるため、遠くても収納されている場所へ取りに行くことが簡単にできます。

しかし、遊び（使い）終えたらどうでしょう？　満足感で「あとでやればいいか」「遠いし、面倒くさい」「ママやって」「また使うしいいか」など、やらない言い訳を自分で作り、出しっぱなしにしてしまうのです。

どうしたら、遊び終えたあとに子どもが自分で片づけることができるのでしょうか？

それは次の３つのことを順に確認して収納するのがおすすめです。

①よく使うものから順番に収納する
②よく使うお部屋（またはその近く）に収納する
③出し入れしやすい位置に収納する

では、この順に片づけやすい収納作りを解説していきましょう。

①よく使うものから順番に収納する

《STEP❷》で「使っている」に分けられたものの中から、「この中で一番どれを使って遊んでいるかな？」と子どもに尋ねます。

②よく使うお部屋に収納する

次に、「じゃあ、その一番よく使っているおもちゃは、どこのお部屋で遊んでいるかな？」と、よく使っている場所を確認します。答えられない場合は、「よくここで使っているよね」というような尋ね方でもかまいません。

③出し入れしやすい位置に収納する

よく使うお部屋がわかったら、その部屋の子どもの胸の高さくらいの位置にある、一番出し入れしやすい位置に収納します。

この3つを繰り返し、「使っている」に分けたおもちゃの収納場所を決めていきます。

このとき、「①よく使うものから順番に収納する」で選んだおもちゃとよく一緒に使っているおもちゃを尋ね、まとめて収納するという方法もあります。

例えば、「おままごとセットでよく遊んでいる」と答えた子が、折り紙をちぎって食材に見立てて遊んでいる、ということであれば、折り紙自体の使用頻度はそれほど高くなくても、一番よく使うおままごとセットの近くに収納すると、動線がよくなり、出し入れしやすくなります。

収納用品や収納アイデアについてはCHAPTER4で詳しく紹介します。

KODOMO OKATAZUKE

4 《STEP❹》親子で一緒にできた喜びを味わおう

こんなふうにここまでできたことを親子で認め合い、「また一緒にお片づけしようね♪」と約束しましょう。

お片づけによって、おもちゃが使いやすくなったこと、お部屋が広くなったことは子どもにとってもうれしいものです。しかし、子どもにとって一番重要なのは、親ができたことを認めて、褒めてくれること。そして、喜んでくれることです。

お片づけできたことに満足しておしまいではなく、最後に子どもと一緒にお片づけできて楽しかったことや子どもがよく頑張ってくれたことなどを声に出して伝えてみてください。

また、一緒に考えて収納したあとも、念のためどこに何を収納したか、もう一度ラベルを見ながら

できたら「褒める！」を忘れずに

幼児期の子どもがこの手順でお片づけをするには、多くの時間や体力を使います。

子どもが《STEP❸》までお片づけできたことをぜひたくさん褒めてあげてください。

「○○ちゃんすごいね！　自分でできたね。こんなにきれいになったよ♪」

「お片づけって気持ちがいいね！」

「お部屋がこんなに広くなったよ♪」

「こんなふうにゴロンゴロンできちゃうよ！」

「ママ、とってもうれしいな」

「おもちゃもきっと喜んでいるよ！」

ら子どもと確認しましょう。

「ブロックのお家は、ここになったね」
「ミニカーのお家はここで、こうやって並べて入れてあげると、使いたいときすぐ出せるね！」

このように、声をかけて確認してください。

一緒に収納を作ったとしても、今までの習慣が強いと、なかなか新しい収納場所を思い出せないことがあります。再度、おもちゃのお家の場所をクイズ形式で確認したり、楽しみながら印象づけてあげましょう。

子どもの不在中に収納を作ったとき

収納場所の変更をすべて子どもと一緒に行なうのは時間的に難しい場合もあるでしょう。

ですが、子どもの留守中に大幅に収納を変えるのは基本的にはおすすめしません。なぜなら、今まで一緒に作っていた収納を留守中に変えられてしまうと、「自分も頑張って収納を作ったのにダメだったんだ」という印象を子どもに与えてしまい、次へのやる気を奪ってしまうからです。

どうしても子どもの留守中におもちゃの収納を大きく変える場合は、事前に意見を聞いておき、「この前、ここが使いにくいって○○ちゃんが言っていたから、便利なこの場所に移動させたよ」というふうに、理由を伝えたり、新しい収納に対する感想や意見を聞いたりすると、「一緒に作った」と感じてもらうことができます。子どもが小さく、今まで親が収納を作っていた場合は、子どもが不在中に行なっても問題ありませんが、「何をどこに収納したか」を子どもに伝えておかないと使いたいときにあちこち探すことになるので、必ず伝えてあげましょう。

家族でコミュニケーションを取りながら、お部屋や収納の変化を楽しんでください。

KODOMO OKATAZUKE

5

《STEP❺》魔法の声かけでお片づけを習慣化しよう

2つの声かけタイミング

おもちゃについて考え《STEP❶》、「使っている・使っていない」に仕分けて《STEP❷》、使いやすい場所に収納し《STEP❸》、片づけられた喜びを親子で共有できたら《STEP❹》、あとはお片づけを習慣化するだけです。

65ページで紹介したように「寝る前」「出かける前」「食事の前」の3回が理想ですが、まずは、「寝る前」と「出かける前」の2つのタイミングに子どもに声をかけて、お片づけを習慣化させます。

ここでは、具体的な声のかけ方を紹介していきましょう。

寝る前①「クイズ形式」

子ども自身に「寝る前にはお片づけをする」ということを楽しく思い出してもらうために、「クイズ」を出してみましょう。そうすると、親から「片づけて」と言われるのとは違い、子ども自身が「自分で片づけることに気がついた状態」になるため、モチベーションが上がります。

「そろそろ寝る時間だよ。さて問題です！　寝る前にやることは何でしょうか？」

このように、親も楽しみながら質問します。

すると、「はいはいはーい！　わかるよ！」と元気に答えてくれるはずです。

子どもが答えられないときは、ヒントを与えます。親がすぐに正解を言うのではなく、なるべく子どもが答えられるようにしてあげてください。

答えが出たら、「正解！　じゃあ、お片づけをはじめよう。よ〜いスタート！」と声をかけます。

親としては、寝る前に子どものテンションを上げたくないかもしれませんが、お片づけを自主的に行なうには、「楽しい」ということが欠かせないポイントでもあります。

また、お片づけが寝る前の習慣になれば、多少テンションが上がっても、お片づけと寝ることがセットだと考えるようになるため、スムーズに就寝できるようになる場合も多くあります。

寝る前②「『お楽しみ』を用意」

「お片づけが終わったら楽しいことが待っている」と思えば、さらに子どものやる気はアップします。絵本を読む、お布団で遊ぶなど、子どもが好きなことを提案し、「そのためにもお片づけを済ませてしまおう」と伝えます。

「もうすぐ寝る時間だよ。おもちゃをお家に戻したら、絵本を1冊読もうね。時計の長い針が3になる前までに頑張ってね！」

こうすることで、時計を見る機会にもなり、時間の感覚も少しずつ身につきます。

楽しいことのために前向きにお片づけに取り組めるようになると、「お片づけしたから絵本を読んで！」と子どもが自ら動くことができるようになります。

出かける前①「親子で競争」

ゲーム感覚でお片づけできるような声かけをすると、3歳くらいの場合、「それ、楽しそう！」という気持ちになり、やる気スイッチが入ります。

「楽しそうだからやってみたい」と思わせる方法として、「競争」を取り入れてみましょう。

「そろそろ保育園に行く時間だよ。ママがお皿を洗うのと、○○ちゃんがおもちゃをお家に戻してあげるのではどっちが早いか競争しよう。このお部屋に戻ってくるのが楽しみだな。負けないよ！よ～いドン！」

こうすることで、親は家事がはかどりますし、子どもは遊びの延長感覚でおもちゃを積極的に片づけてくれます。

子どものほうが早かったときは、次のように声をかけるとよいでしょう。

「うわ～お片づけ早かったね！　しかも優しくしまえていたよね！　ママ見ていたよ」

「ママも頑張ったけどまだ終わってないよ～。やっぱりたくさん出すと片づけるのが大変だね」

このように、子どもができたことをなるべく具体的に褒めて伝えると、「○○するといいんだ」ということを知るきっかけになり、より上質なお片づけの習慣化につながります。

逆に、親のほうが早かった場合も、適切な声かけが必要です。

「惜しかった～。でも、○○ちゃんはおもちゃを優しく戻していたもんね！」

「ママも○○ちゃんの真似っこして、次からもっと優しくお片づけしてみるね」

このように、勝ったことはサラッと喜び、その中でも子どもができたことを具体的に伝えてあげましょう。

この競争は「楽しむためのゲーム」です。子どもの性格によっては、悔しい想いにより「次こそは勝つ！」という気持ちが生まれて、やる気につながるかもしれません。

また、いつも親が負けてばかりだとあからさまで、続けているうちに子どももつまらなくなってきます。子どもの中で「今度は負けない！」とか「今回も勝ってみせる！」という感情が芽生えていけば、お片づけへのモチベーションも高まっていくでしょう。

出かける前②「タイムトライアル」

これは、制限時間を決めて、お片づけに取り組んでもらう方法です。スマートフォンやキッチンタイマーで時間を測るだけでも、ただ「片づけて！」というよりも特別感があり、子どものやる気はアップします。

「そろそろ、幼稚園に行くよ。今日は5分でおもちゃをお家に戻せるかタイマーで測ってみるね」

ちょっとしたことですが、これだけでも子どもにとってはゲーム感覚になり、楽しくお片づけができます。

時間内にできたら、できたことや頑張ったことを認めてあげ、たくさん褒めてあげましょう。褒めるだけでなく、時間内にできたらカレンダーにシールを貼る、という約束にするのも、ちょっとしたことですが子どものやる気につながります。

もし、時間内にできなくても、ダメ出しはせず、「今日はたくさんあったからかな。どう？　お片づけ大変だった？」など、できなかった子どもなりの理由を聞いてみて、次の目標タイムを考えて楽しめるように声をかけます。

基本的にすべて前向きな伝え方を意識し、子ども自身で原因を考えて、「次は時間内に片づけたい。片づけるのが楽しみ！」という気持ちにつながるように声をかけましょう。

また、片づけられなかったおもちゃの量を知ると、次は片づけられる範囲でおもちゃを出すようにしようと、子どもなりに考えることができます。

スペースを使って、おもちゃの量を確認し、「これくらいの量だったら時間内にできたかもね」「たくさん出すと、お家に戻すのは大変なんだね」などと伝えて、「お勉強になったね」「一緒に考えられたね」という経験を積み重ねてあげると、子どもの自信につながります。

「時間内に片づけることに集中して、お片づけが雑になりそう」と思う方もいるかもしれません。そのような場合は、事前にルール説明をするとよいでしょう。

「乱暴に投げたりしたら反則負けね〜♪」
「優しくお家に戻してあげてね。大切なおもちゃが壊れないようにしてあげてね」

こんなふうに、楽しそうに伝えます。

また、例えば雑なお片づけだったら、「う〜ん、いつもは１００点だけど今日は80点だな〜。だって見てごらん。おもちゃが扉に挟まっているよ。痛そう！」などと伝え、次に同じことがないように促すとよいでしょう。

紹介した「出かける前」の２つの声かけは、ともに遊びの延長です。このように子どもが楽しいと感じることができるよう工夫して、お片づけの声かけをしてください。

声かけが子どものお片づけを左右する

片づけは嫌なこと。
片づけはしないと怒られるもの。
この負のイメージをつけるのも、つけないのも、親の声かけ次第です。片づけに限りませんが、何事も楽しみながら行ない、前向きに考えられるように成長してほしい場合は、親も楽しく伝える必要があります。

ついイライラして、「片づけなさい！」と言いたくなってしまうかもしれませんが、このような伝え方を続けていては、自主的に片づけられるようにはなりません。むしろ片づけがどんどん嫌いに、苦手意識を持つようになっていくでしょう。

怖いから。苦手だから。どうせ失敗するから。

このように子どもが悲観的に考えるのは、日常生活の中での何気ない大人の言動により、自信をなくしたり、失敗を恐れたりして好奇心を奪ってしまうからです。

これは、子どもたちの未来を揺るがす、大きな問題だと私は考えています。大人の子どもに対する声かけや行動が、どれだけ子どもの将来に影響を及ぼすのか、もっと私たち大人が自覚し、子どものやる気を引き出すような工夫を積極的にしていきたいものです。

声かけが子どもに届かないとき

子どもが夢中で遊んでいたり、集中していると、親の声が耳に入ってこないということはよくあります。それ以外にも、聞こえているけど反抗して反応しないという場合もあります。

このようなときの対処法を場面ごとに解説していきます。

集中しすぎて聞こえていない場合

何度も優しく声をかけても返事がなかったり、行動しなかったりすると、お母さんはイライラしてくると思います。しまいには、「ちょっと！いい加減にしなさい！」「何回言えばいいの！」なんて怒ってしまったら、最初の優しい声かけが台無しになってしまいます。

夢中になって1つのことを行なうというのは、素晴らしいことです。それを怒って否定するのはもったいないことです。

何度声をかけても行動に移さないときは、子どものそばに行き、一生懸命遊んでいることや取り組んでいる様子について共感できるような感想を言葉で表現します。

例えば、子どもが考えながら遊んでいる様子を具体的に褒めます。

「すごいね。この遊びが好きなんだねー」

「長い線路だね！　これはどこを通るの？　面白そうだね。よく考えたね」

そして次に、子どもの気持ちに寄り添い、どうしたいと思っているのか聞いてみましょう。

「まだ作り途中？　続きがしたい？」

ブロックや積み木など、遊びによっては完成していないから片づけたくないと思っていたり、せっかく完成したばかりだから片づけるのは悲しいと思っていたりするものです。

そこに寄り添うと、どう対応したらよいかが見えてきます。

「こうしなければならない」と固苦しく考えず、「寝る前までに片づければよい」と片づけるタイミングを変えたり、子どもの「できた！」を大事にするために期間限定で飾ったり、完成するまで邪魔にならない位置に移動させて保管したり、臨機応変に対応してあげることも大切です。

こうすることによって、子どもなりに納得し、「今は片づけないけれど、約束したタイミングになったら片づけよう」という気持ちになります。

料理をしたり、洗濯をしたりと、時間帯によっては、そばに行って声をかけられないときもあるでしょう。その場合は、子どもがこちらを見てくれるように声をかけます。

そして、片づけるように声かけをする前に、ワンクッションおきます。

「○○ちゃん、何作っているの？　お母さんに見せて」

それから、先ほどと同様に夢中で遊んでいたことや親である自分がそれを見ていたこと、子どもの気持ちに共感します。すると、子どもは共感してもらえたこと、自分を見てくれていたことがわかり、穏やかな気持ちになります。

この声かけをしてから、「もうすぐお出かけする時間だから、おもちゃをお家に戻してあげよう」と声をかけましょう。

このワンクッションによって、片づけはじめたり、「あとで続きをやりたい」「しばらく飾っておきたい」など、どうしたいのか希望を伝えてくれます。

希望がある場合は、いつ片づけるのかを相談して決めれば、「片づけて！」と怒る必要がなくなります。

子どもも大人も自分が思っていることや行動に対して、身近な人に共感してもらえると安心できます。そして、素直に指示に従おうという気持ちに切り替わります。

逆に相手がカリカリ、ピリピリしていると、萎縮したり、言葉で伝えてもきっと伝わらないと諦めて、気持ちを伝えないようになります。

人間ですからイライラすること、家族に当たってしまうこともあります。

私は自分に余裕がなくなると、返事の仕方などに現れてしまいます。そんな自分を理解し、子どもに伝えます。「さっきはごめんね。ママ今すごい嫌な言い方していたよね、もうちょっとだけ待って」と深呼吸して自分を落ち着かせます。

そして、今すぐに無理に片づけるよう強制はせず、「寝る前には、おもちゃをお家に戻してあげようね」とだけ伝えます。

子どもの気持ちばかり受け止めようとすると、それだけで疲れてしまいます。

私は、「お母さんなんだから我慢するのは仕方ない」とは思いません。子どもにもお母さんの気持ちを伝えて、お互いの気持ちを知ることが大事だと思います。

理解できるかどうかではなくて、「聞くこと、知ること」で変わることもあります。

いくら親子でも、口に出さないとわかりません。お片づけを通して、小さいうちから親子で気持ちを伝え合う習慣を身につけていってください。

聞こえているけど無視をしている場合

子どもが声かけを無視する場合、何か別のことが理由で反抗している場合も多くあります。

例えば、さっきお母さんに話しかけていたのに、ちゃんと返事をしてくれなかった、下の子ばかり抱っこして、自分のことは抱っこしてくれないなど、遊びやおもちゃのことではなく、まったく別のことで怒っていて無視をしている場合も少なくないのです。

「どうして無視するの!?」と言っても、お互いイライラが募るばかりです。対応の仕方としておすすめなのは、無視したことを指摘するのではなく、何に対して不満を感じて返事をしないのか、理由を探るということです。

意図があって無視している場合は、遠くから話しかけても意味がありません。必ず子どもの近くに行って話しかけます。

「お返事が聞こえないけど、どうしたの?」と、話しかけながら、子どもを抱っこしたり頭をなでてあげると、素直になれたり、1人で考えていたことをお母さんにわかってもらえると期待し、話してくれることもあります。

イライラをぶつけてしまったら……

子どもが返事をしないのは、1つのアピールということもあります。何かのサインだと考え、子どもとの時間を作るとよいかもしれません。

理由がはっきりしない状態で「返事をしなさい！　片づけなさい！」と注意せず、理由を聞いてから直してほしい部分を伝えます。そうすることで、子どもは大人の言っていることを受け入れようとします。

もちろん、単純にまだ片づけたくないから「片づけて」という言葉が聞こえないふりをする、ということもよくあります。

片づけたくない理由がただ、「面倒くさい」という場合は、おもちゃの気持ちを代弁します。

「寝る前までにおもちゃを戻してあげないと、おもちゃも真っ暗な中で迷子になってかわいそうだから、戻してあげてね」

「○○ちゃんも迷子になったら泣いちゃうでしょ。おもちゃも一緒だよ。優しい○○ちゃんならわかるよね」

このように、寝る前までには片づけるための声をかけてみてください。

また、親は寝不足が心配で、「早く子どもを寝かせないと！」と平日の夜は特に焦りますよね。

私は「寝ないんですか？」「先に寝ちゃいますよ？」と言って、子どもより先に寝室へ行くこともあります。

子どもが「まだ遊びたい」「眠くない」と意思を伝えてくることもありますが、「○時は寝る時間」という約束だったり、「明日、元気に遊べなくなっちゃうよ」など具体的に理由を伝えて行動を促しています。

CHAPTER
4

さまざまなおもちゃの収納方法

KODOMO OKATAZUKE

1

どこに・どのように収納したらいいの？

本当に子どもが片づけられる環境？

子どもが大好きなおもちゃ。
子どもの大切なおもちゃ。
子どもが使っていた、思い出のおもちゃ。
もう使っていないおもちゃ。
壊れてしまったおもちゃ。
もらったけど、使っていないおもちゃ。

これらがすべて一緒に収納されていたら、当然、使うときも片づけるときも大変です。そんな環境の中で、親が一生懸命「片づけなさい」と伝えたところで、子どもはなかなか片づけられません。

では、おもちゃをどこに、どのように収納すると、子どもが自ら進んでお片づけをできるようになるのでしょうか。

片づけやすい「場所」とは

まず「どこに収納するとよいか」について考えてみましょう。「おもちゃは子ども部屋に片づけるものでしょ？」と思うかもしれませんが、もし子ども部屋に収納する場所があるにもかかわらず片づけられていないのであれば、それは片づけやすい収納場所ではないということです。

子ども部屋など、決められたお部屋から収納場所を考えるのではなく、「子どもがいつもそのおもちゃを使ってどこで遊んでいるか」を考えてみてください。その場所の近くが収納のベストポジションと言えるでしょう。

「これは、子どものおもちゃだから子ども部屋に収納する」という考え方ではなく、ものを1つひ

収納のベストポジションはどこ？

よく使うものはすぐ取り出せる位置に収納するのがポイント！

保育園や習い事のカバンも床置きせず、壁面を活用。フックには「何を掛ける場所」かわかるようにラベルをつけています

とつ手に取ってみて「いつもこのおもちゃを使ってどこで遊んでいるかな？」と、考えるのです。

わからなければ、子どもに聞いたり、子どもが遊んでいる様子を観察するとベストポジションが見えてきます。

これは、子どものものに限りません。すべてのものの収納場所について、このように考えます。

大人も自分のものなら、自分に問いかけます。

家族のものなら家族に問いかけます。

「これ、どこで使っている？」

乳児の場合は、よく子どもの様子を観察して親が判断してあげましょう。

そして、「子どもがよく遊ぶ場所」に「使用頻度別」に「取り出しやすい高さを考えて」収納を設置してください。

また、収納方法で困ったときは、ぜひ子どもに聞いてみてください。例えば、「引き出しとボックス、どっちがお片づけしやすい？」と収納グッズを見せながら聞くと、「こっちのほうがしまいやすい」などと子どもなりに意見を言ってくれます。こうすることで、親子で一緒に収納を作り上げられるだけでなく、子どもは親に頼られた喜びを感じることができます。

「どのように」収納したらよいのか？

ＣＨＡＰＴＥＲ２で、子どものお片づけの基本についてお伝えしたので、このＣＨＡＰＴＥＲ４ではよくあるおもちゃのおすすめ収納方法を紹介していきます。おもちゃによって、形、遊び方、遊ぶおもちゃの組み合わせはさまざまです。取り出しやすく、片づけやすい収納法でお部屋を整理し直してみましょう。

先ほど紹介した、「よく遊ぶ場所」「取り出しやすい位置」に、これから紹介するさまざまなおもちゃ収納を用意してあげてください。

子どもでも片づけやすい収納とは？

子どもが次の日の保育園の支度が簡単にできるように1つの引き出しにまとめています

何も考えないと増えがちなぬいぐるみも、箱があることで「この箱に入る量まで」という目安ができるのでおすすめです

KODOMO OKATAZUKE

2

「ピースが見つからない！」がなくなるパズルの収納方法

パズルは親子の強い味方

パズルは、2歳くらいになると1人で遊べるようになる、親にとってもうれしい優秀なアイテムですよね。落ち着いた環境であれば、小さな子どもでも集中してじっくりと遊んでくれます。また、集中力、想像力、記憶力、思考力、手先の器用さなど子どもにとって大切な力を育ててくれます。

親としても、じっくり遊んでほしいと願うおもちゃの1つだと思いますので、子どもが自分で簡単に出し入れできるように収納しましょう。

板パズルは板ごとファスナーケースへ

30～60ピースくらいの幼児向けパズルは、ピースが板にはまった状態で、薄いビニール袋に入って売られていることが多いため、一度開封してしまうと、ピースを入れるものがなくなり、ピースをなくしてしてしまう子が多いのです。

ピースがバラバラになってしまうと探すのは大変です。そこで、板ごとB4サイズのファスナーケースに入れ、写真か文字のラベルを貼ります。

パズルの量が多い場合は、ファスナーケースごとファイルボックスに入れれば、倒れる心配がなくなり、スッキリ収納できます。ファイルボックスは立ててもかまいませんが横に倒して使用すると安定し、幼児でも出し入れしやすいでしょう。

ピースのみのパズルは保存容器へ

板のないピースだけの幼児向けパズルは、紙でできた箱に入って売られていることが多いでしょ

ピースがなくならないパズルの収納方法

紙の箱は出し入れしにくい！

ピースをなくしてしまいがち！

ピースのみの場合は、保存ケースに収納

ファイルボックスを横向きにすると幼児でも取り出しやすい！

板パズルはピースと板を一緒にファスナーケースへ（写真はB4サイズ）

う。紙製の箱をそのまま収納として使うと、出し入れがしにくいうえに、強度も低いため、こちらもピースをなくしてしまいがちです。

　ピースの紛失を防ぐために、１００円ショップなどで売られている食品用の保存容器を使用する方法があります。

　保存容器は、子どもの手でも開けやすいものを選ぶと、自分で出し入れでき、自主的なお片づけを促しやすくなります。こちらも写真か文字のラベルを貼りつけてください。箱の絵柄の部分を切り取ってラベルにしてもかまいません。また、透明な保存容器であれば、ラベルが文字だけでも中のピースが見えるので、どんな絵柄だったかをすぐに思い出すこともでき、便利です。

　大きさは、ピースがギリギリ収まるジャストサイズよりも、多少ゆとりのあるサイズにしたほうが、子どもの手でも片づけやすくなり、お片づけのハードルが下がります。

KODOMO OKATAZUKE

3

「あれ、どこ行っちゃったの？」と困らない 小さなおもちゃ類の収納方法

紛失しやすい小さなおもちゃたち

小さなおもちゃと言えば、「ガチャガチャ」「ファストフードの付録」「レストランのお子様ランチのおまけ」「お祭りの景品」「おみやげ」など、挙げたらきりがなさそうです。このように、さまざまなところで簡単に手に入ってしまい、量が増えやすいのが特徴です。

子どもたちは、この小さなおもちゃが大好き。しかし、わかりやすく収納されていないと、たくさんある中から、使いたいものを見つけるのは大人でもとても大変です。

お気に入りのものが見つからないと、泣き出したり、手足をばたばたさせて全身でイライラを表現する子もいます。

子どもが管理できる量の目安

小さなもの、安いものだからといって、どんどん数を増やさず、ほかのおもちゃと同様に、子どもが自分で何を持っているか把握できる量を意識しましょう。

2～6歳くらいまでは、小さなおもちゃの量をA4サイズで深さが15㎝くらいのボックスに入る程度を目安にしてみてください。大きな箱から、使いたいものを探すのは大変ですが、B5～A4サイズの箱であれば、ほしいものを簡単に見つけることができるでしょう。

ポリプロピレン製で軽い、ストッパーのない引き出しを利用すると、引き出しを抜いて遊ぶ場所まで持ち出せるのでおすすめです。

スッキリ見つけやすい小さなおもちゃの収納

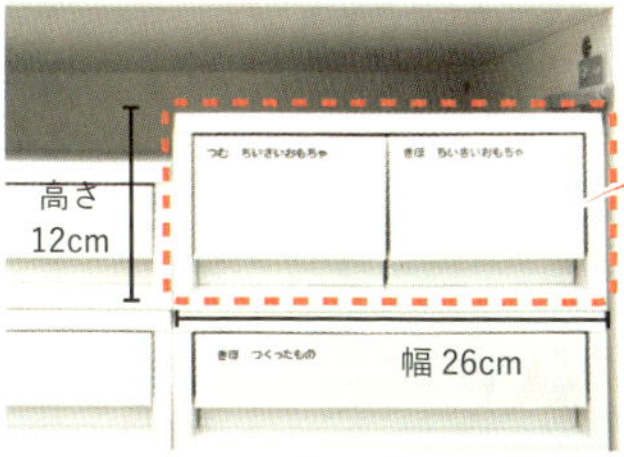

Ａ４サイズのポリプロピレン製の引き出しなら軽くて便利！

仕切りをつけてより探しやすく。分け方は子どもにお任せ！

転がるものは、空き瓶などを利用して収納するのも◎

細かく分けて探しやすくする

さらに、箱の中に小さな箱を入れて、仕切りを作り、小さなおもちゃの中でも大きさ別やジャンル別に収納すると目当てのものをより探しやすくなります。

しかし、子どもの性格や今までの生活習慣と合わないと、戻すのが大きなストレスになってしまうので、まずはざっくり「小さなおもちゃ入れ」とわかるようにだけしてあげれば十分です。

スーパーボールなど小さくてコロコロ転がるものは、保管しやすいようプラスチック製のふたつき容器を使うとよいでしょう。容器は１００円ショップで購入できます。また、ジャムの空き瓶などでもかまいません。

容器の大きさは、収納スペースを配慮し、子どもと相談して決めましょう。

KODOMO OKATAZUKE

4

これ1つで全部そろっちゃう！お手紙セット・お絵かきセット

使うものはまとめて「セット」にする

性別に限らず、幼児期になるとお手紙交換をする姿がよく見られます。女の子だと早いと3歳くらいから、男の子だと4歳くらいからお手紙交換をするかもしれません。

文字が書けなくても、絵や好きなシールを貼って大好きなお友達に渡すというのは、子どもたちにとって、とても楽しいことです。

一方で、便箋、封筒、ペン、シールなど、いろいろなアイテムを使うため、それらがバラバラに収納されていると、片づけるのも大変です。

そこで、お手紙を書くときに必要なものを1つにまとめて「お手紙セット」として収納しておくと、お手紙を書きたいときにいろいろなところに道具を取りに行く必要がなく、すぐにお手紙を書くことができます。お片づけするときも、使い終わったらさっとまとめて、1か所に片づければ終わるので、お片づけのハードルが低くなります。

収納ケースは、引き出しだと重ねてしまわなければならず、中身を見渡せません。

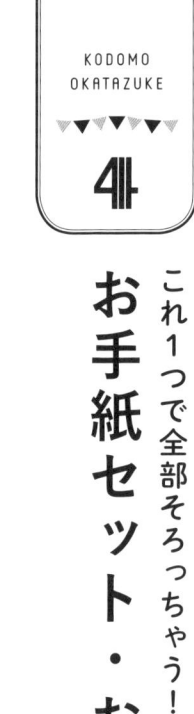

そのため、A4サイズのファイルボックスが一番活用しやすく、おすすめです。ファイルボックスの大きさは、だいたい幅が10㎝くらいのものが目安になります。スペースに余裕があり、毎日のようにお手紙をやりとりしている子の場合は、幅が15㎝ほどのワイドサイズを使用するのもよいでしょう。状況に合ったものを選んでください。

ついたくさん集めたくなる便箋も2～3種類で十分。1種類ずつ、使い切ってから購入するよう

片づけが簡単なグループ収納

1つのファイルボックスに「セット」の中身をまとめて収納

ラベルを貼って、中身をわかりやすく！

使いたい場所までファイルボックスごと移動。お片づけもラクにできます！

お手紙セットの例

もらったお手紙をよく見る場合は、「お手紙セット」の中に収納するのがおすすめ！

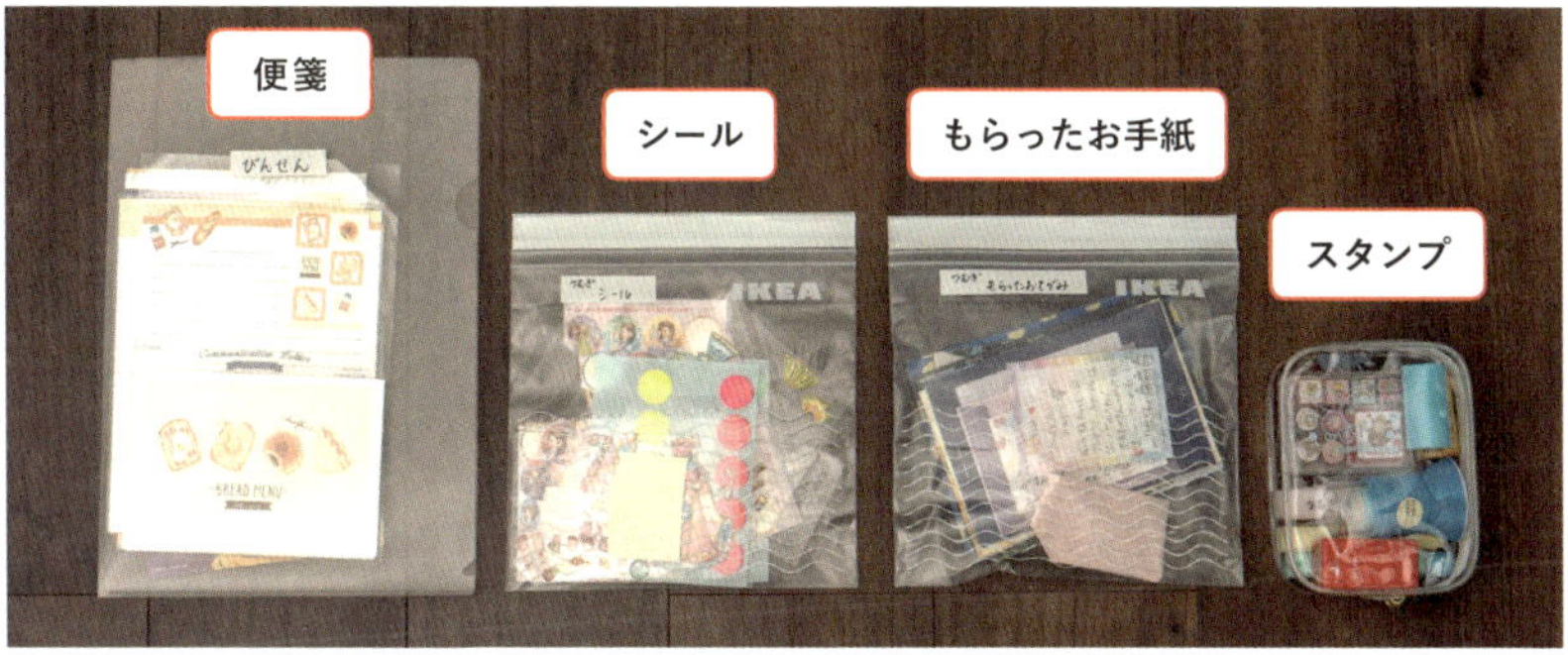

便箋はＡ４サイズのクリアファイルに。増やしすぎないように注意！

シールともらったお手紙はジッパーつきの透明な袋に入れてバラバラになるのを防ぐ

透明なポーチにはスタンプを収納

に意識すると、増えすぎることはありません。

便箋やシールなどは、ラベルをつけたクリアファイルや、ジッパーつきの袋に収納すれば、どこに何があるか上から見渡すことができます。

お手紙を書きたいときは、ファイルボックスごとテーブルに運び、ほしいものをその場で簡単に取り出せます。そして、使い終わったらその場ですべてボックスの中に戻して収納するだけなので、行き来が1回で完結できます。

ペンなどの文房具をお手紙以外でも使う場合は、スペースや費用面が許せば、お手紙セット用とほかの遊び用の2つを用意すると便利です。もしくは、お手紙セットのファイルボックスの隣などに、その他の文房具と一緒にお手紙でよく使う文房具を収納すると1つを簡単に共有できます。

もらったお手紙の収納法

お手紙交換をすると、お友達からもらったお手紙も少しずつ溜まっていきます。

例えば、もらった手紙を見返しながらお友達にお返事を書いている様子が多ければ、お手紙セットのファイルボックスに「もらったお手紙袋」を用意して収納するとよいでしょう。

そういう行動が特になく、見たらおしまいの場合は、ファイルボックスとは別に、もらったお手紙専用のボックスを作るか、思い出ボックスに入れるのか、処分するのかを子どもと相談してみましょう。

お部屋が狭かったり、収納スペースが限られている場合は何個もお手紙専用のファイルボックスがあるとかさばるため、お手紙専用のボックスがいっぱいになったら、とっておきたいものを思い出ボックスに移しましょう。頻繁に見返したいと子どもから要望があった場合は、思い出ボックスをお手紙専用のファイルボックスの横に置くなどの工夫もできます。

おべんきょう・ぬりえセットの例

いろいろなものを「グループ収納」

「お手紙セット」以外にも、ノートやペン・クレヨンなどをまとめた「お絵かきセット」、ぬりえと色鉛筆をまとめた「ぬりえセット」など、お気に入りの遊びに合わせてグループを作ってあげると、片づけやすくなり、出しっぱなしにすることがなくなっていきます。

何種類までものを組み合わせてもよいのかというのは、1種類の量にもよるため一概には言えませんが、例えば量の少ないもの同士、「折り紙、折り紙の本、はさみ」程度でしたら一緒に収納することができます。

ですが、1種類の量が多いもの、例えばブロックなどは、ほかのおもちゃと一緒に収納せず、隣同士に収納する方法でも動線が1つで済み、十分便利なので、量により判断していきましょう。

KODOMO OKATAZUKE

5

「かさばるし持ちにくい！」を解決する ブロックの収納方法

もとの箱が片づけやすいとは限らない

ブロックは、専用のボックスに入って販売されていることが多いですが、そのボックスは意外と大きく存在感があります。大きいことで棚の中に収納できないというご家庭も多いのではないでしょうか。ボックスを棚やクローゼットに入れられず、そのままお部屋の隅に置いている方もいるでしょう。また、紙製の箱で販売されているブロックもあります。脆くて開け閉めしにくい紙製の箱に戻すという作業は大人でも面倒です。

「もともと入っていた箱だから」といって、その箱に収納する必要はありません。もとの箱は子どもが喜ぶ見た目でも、少し重たかったり、持ちにくかったりと、収納に向いていない場合も多いので、もとの箱にこだわらず、子どもが自分で収納しやすい入れものを選びます。

しまいやすく運びやすい収納に

隠す収納が好き、めったに使わないのに部屋の隅に置いてほこりをかぶることが気になる、派手なケースが気になるという場合は、棚の中に入るインボックスに収納するのがおすすめです。

インボックスは家具店やネットショップで購入することができます。大きさが選べるので、ブロックの量に応じて選ぶとよいでしょう。ブロックは、多くの場合、容量にゆとりのある箱に入れられて販売されています。そのため、もとの箱よりも小さく、形もシンプルなものを用意するとよいでしょう。念のため、収納ボックスを購入する

しまいやすいブロックの収納

もとの箱はブロックの量に対して大きめ。かなり余裕があります

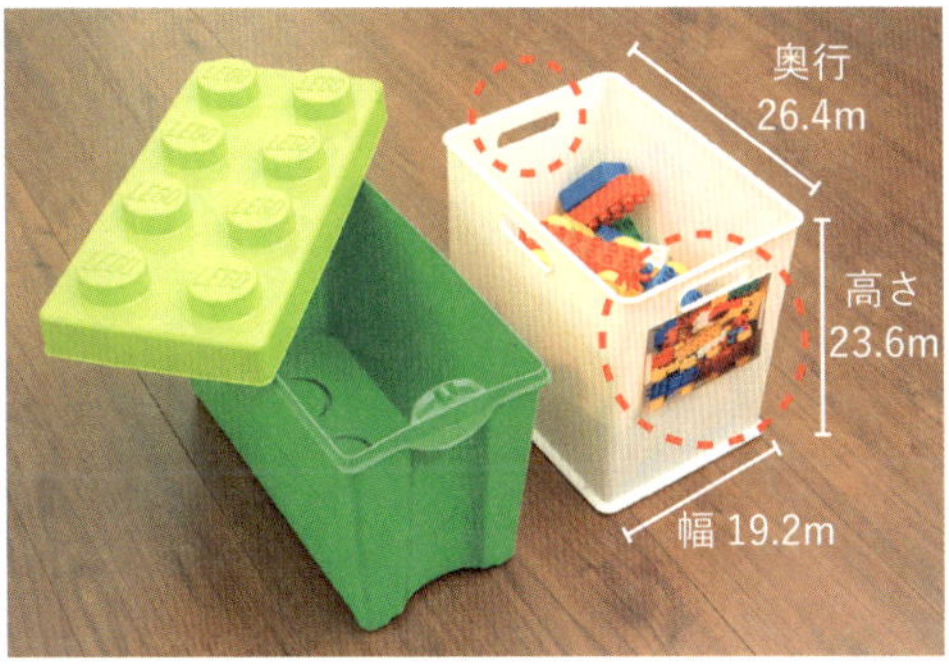

ブロックがちょうど収まるふたなしで片づけやすい持ち手のついたインボックスへ。写真のラベルを貼って「ブロックのお家」だとわかりやすく！

ときは、ブロックをすべて床に出し、量を把握してみてください。

棚の中にしまってしまえば、ふたは必要ありません。ふたがないと「ふたを閉める」という手間が1つ減るので、子どもにとっては片づけやすくなります。プラスチック製で、持ち手がついているインボックスであれば、持ち運びがしやすいのでおすすめです。

使ったあと、簡単に戻せる収納にすることで、お片づけの負担が軽くなり、親に言われなくても子どもが自分でお片づけができるようになります。

BEFORE

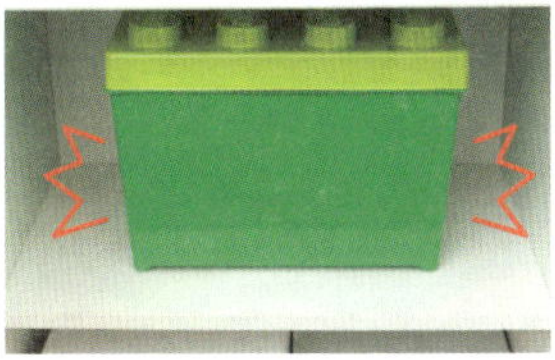

無駄に場所を取ってしまう

AFTER

こんなに省スペースに！

棚にもボックスと同じラベルを貼るとよりわかりやすい

KODOMO OKATAZUKE

6

「絵本好きになってもらいたい」と願いを込めた
年齢に合った絵本の収納方法

年齢に合わせて変化させる

絵本の置き方は、本屋さんのように表紙を見せる置き方と、背表紙だけ見えるように縦に並べる置き方があり、どちらにもよさがあります。

表紙を見せる置き方だと、絵本への興味や関心が高まりやすくなりますが、広いスペースが必要なので、すべての絵本をこの収納法にするのは現実的ではありません。

そこで、使い分けることをおすすめします。

乳児期の絵本収納

乳児期におすすめなのは、まず絵本に興味が持てるように子どもの手が届く、子どもの胸以下の高さに2〜3冊、表紙が見える置き方で絵本を収納し、そのほかの絵本は背表紙が見えるように立てて収納するという方法です。まだ文字がわからない年頃であれば、表紙の絵をしっかり見せる収納のほうがよいでしょう。すべての絵本の表紙は見せられませんが、すべて背表紙しか見えない状態よりも、絵本への興味が高まります。

幼児期の絵本収納

幼児になったら、すでに絵本の楽しさを知っている場合が多いので、表紙を見せて興味を引くことよりも、絵本を自分で手に取るハードルを下げるほうが重要です。すべての絵本を取り出しやすい高さに背表紙を見せるように立てた状態で収納します。そうすることで、たくさんの本の中から自分で好きな本を出し入れすることができます。

年齢に合わせた絵本収納

乳児向け

特に手に取ってもらいたい絵本の表紙を見せる。そのほかのものは背表紙が見えるよう立てて収納する

棚の中にファイルボックスを入れ、保育園や図書館などで借りた本が混ざらないようにすると返し忘れない！

幼児向け

背表紙のみ見える状態でOK。ただし、棚は乳児と同様、子どもの手が届く高さのものを使う

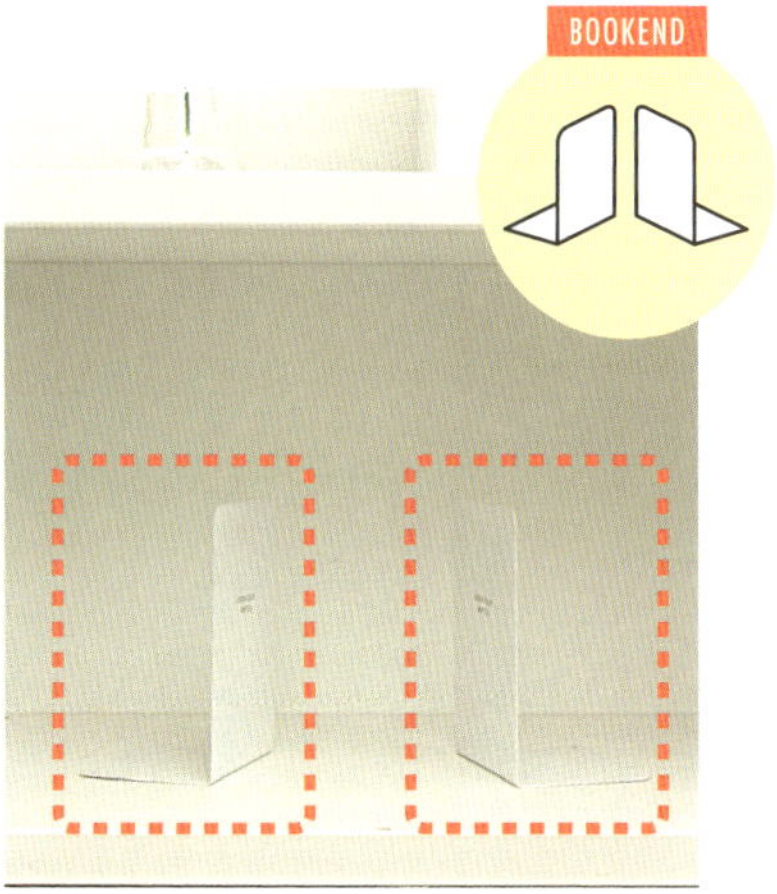

間にブックエンドを入れると、倒れる心配がなく、出し入れしやすい！

KODOMO OKATAZUKE

7

「大きなものから小さなものまでゴチャゴチャ！」がなくなる
スッキリ整うおままごと道具の収納

種類が多いおままごと道具

おままごと道具は、形もさまざまで、細々したものが多いですよね。

お鍋、スプーン、コップ、木やプラスチックでできた食べものなどをすべてまとめて収納してしまうと、ほしいものを見つけるまで時間がかかってしまいます。

乳児の場合は、目的のものが見つからず、泣き叫んでしまうこともあります。

「探す」という行為は、子どもにとっても大人にとってもとてもストレスになるのです。

楽しく遊び、楽しみながら自分でお片づけをしてもらうには、何がどこにあるかすぐにわかる収納、パズルのように当てはめる楽しさをお片づけでも感じられる収納を用意するとよいでしょう。そうすれば、小さな子どもでも自分で進んでお片づけができます。

種類ごとに分けて収納する

先ほども述べたように、おままごと道具は種類が豊富です。おままごとで遊ぶ頻度が高ければ、ジャンル別に分けられていると使いたいものを選びやすく、ほしいものを探す手間が省けます。

具体的には、次のようにジャンル分けするとよいでしょう。

- **食べもの（おままごとの野菜や果物など）**
- **お皿**
- **コップ**
- **カトラリー（フォーク・スプーンなど）**

ジャンルに分けてしまうおままごと道具の収納

ほしいものが見つかりやすいようにするのがポイント！

おままごと冷蔵庫の中に……

ザックリ「食べもの」にジャンル分けして、箱に入れるだけの簡単収納に

このようにジャンル別に分けたり、数の多い食べものとカトラリー以外は、まとめてザックリ仕分けてもよいでしょう。

仕分けたものは、取り出しやすいように収納します。

今、使っている収納が棚タイプの場合、棚板の底部分にしまうものの写真ラベルを貼ります。

奥行のある収納の場合は、手前によく使うものを並べて、奥のほうには使用頻度が低いものを収納します。

大きめの引き出しタイプの収納を使っている場合は、引き出しの中に100円ショップなどで売られている引き出し用の整理ボックスを入れて、ジャンル別に収納します。

小さな引き出しの場合は、同じように整理ボックスを活用するか、仕切りを入れて、1つの引き出しに1～2種類ずつくらいに分けて収納するとよいでしょう。

パズル感覚でやる気スイッチを入れる

棚にしまう場合でも、引き出しにしまう場合でも、定位置がすぐわかるようにします。具体的には、100円ショップなどで購入できるA3サイズの収納カゴを活用して、カゴの底に何をどこに置くのかすぐわかるように、写真を貼ります。

そうすると、お片づけの際は、写真を見ながらものを置くだけできれいに整頓され、小さな子どもでもパズル感覚で簡単にお片づけができます。

このパズル収納のメリットは、わかりやすいだけではなく、子どものお片づけスイッチがなかなか入らないときにも大活躍してくれるところです。

例えば、親がおままごと道具を1つ手に持ち、「さて問題です。このコップはどこにお家があるでしょうか？」と声をかけると「はい！　わかる～」というように、子どものお片づけに対するやる気を引き出すことができます。

大きな道具はコーナーを作る

おままごと道具には、先ほど説明した以外にもガス台や冷蔵庫など大きなものもあるでしょう。このような大きなものの場合、子どもの手で出し入れするのは大変です。

そこで、大きなおままごと道具を使っている子、おままごと好きな子の場合は、おままごとコーナーをお部屋に作ることをおすすめしています。

棚をシンクに見立てて、そこにガス台などの大きなおままごと道具を設置して、子ども用のキッチンスペースを作ります。

先ほど紹介したパズル収納をここに組み合わせれば、楽しく簡単にお片づけできるだけでなく、子どもは「この状態にしておきたい」という気持ちになり、自ら積極的にお片づけしてくれるようになるでしょう。

おままごとのキッチンでパズル収納

パズル収納

LABEL　写真のラベルに合わせておもちゃを置くだけでスッキリ！

大型おままごと道具は、部屋にそのまま設置して、コーナーを作ろう！

LABEL

おもちゃのお家がわかるようにラベルを忘れずに

扉の内側にフックを取りつけて、引っ掛けるだけに！

KODOMO OKATAZUKE

18

ワンアクションで片づくのが大事！

置くだけでOKの大型おもちゃの収納

そのまま置けるスペースを確保する

指先遊びをする知育玩具や音の出る箱型のおもちゃなどの大きなおもちゃは、入れものには入れず、直接棚の中や上に収納することをおすすめします。

やり方は簡単。棚にラベルを貼って、定位置を作り、そこに置くだけ。ただし、乳児の手でもできるようにスペースは少しゆとりを持たせ、置きやすくしてください。

大きなソフト積み木のようなおもちゃは、箱やビニールタイプの収納ケースに入って販売されていることが多いでしょう。そのままその入れものを使用している方が多いですが、もともと入っていた箱の場合、ふたを開けて、詰まっているものを取り出さなければならず、小さな子どもにとって容易ではありません。

楽しくご機嫌に遊ぶためにも、簡単に出し入れできる収納にすることが一番です。

小さな子どもでも簡単に片づけられる収納は、ふたがない軽い入れものです。ただ入れるなどのワンアクションだけで片づけが完了し、持ち運びも容易にできることが、子どもが自分で進んでお片づけをする秘訣になります。

また、ボックスの底に家具の傷防止用の丸いクッションシールを4つ程度貼ることで、引きずって運んでも床に傷がつきにくくなり、「引きずらないで！」と注意することもなくなります。

ソフト積み木以外にも、ぬいぐるみなど、かさばるおもちゃを入れるのにおすすめです。

置くだけ簡単な大型おもちゃ収納

大型おもちゃはそのまま棚に置くのがおすすめ！

棚の置き場所にはラベルを貼り、定位置をはっきりさせるのがポイント

大型おもちゃ用収納ボックスの作り方

ぬいぐるみやソフト積み木を入れるには、ふたなしの軽い布製ボックスが◎

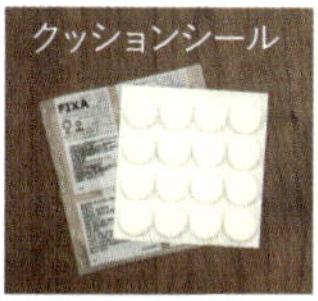

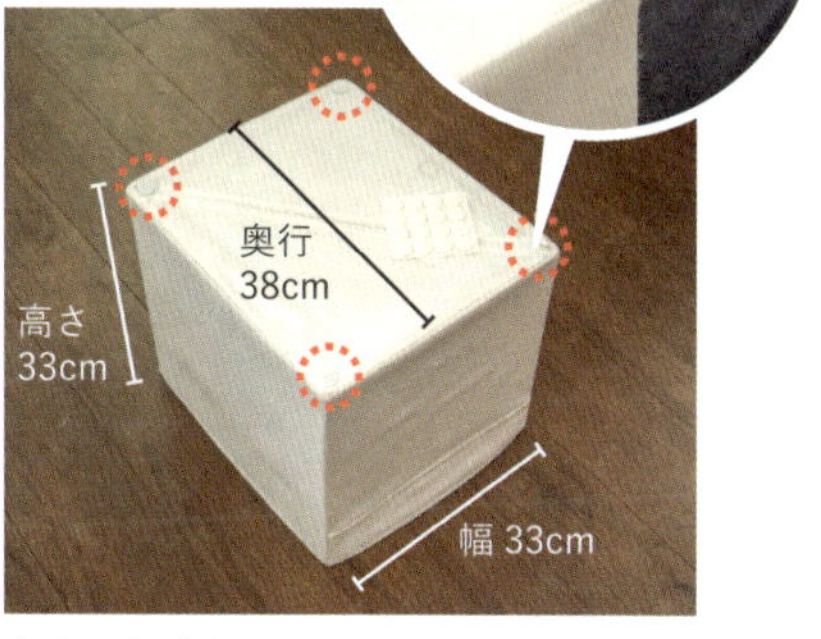

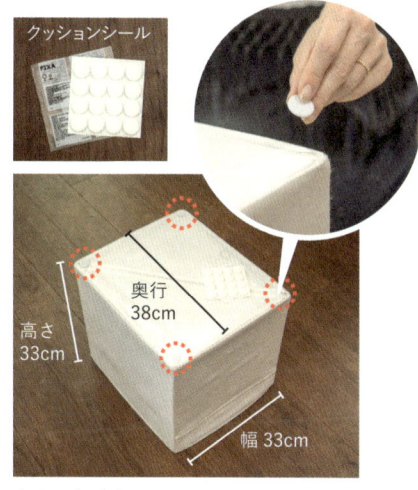

家具の傷防止用のクッションシールを底に貼ると、子どもが引きずっても安心！

KODOMO OKATAZUKE

9

キャラクターグッズが大好きな子におすすめ！ まとめるだけのキャラクター別収納

とにかくキャラクターごとに分ける

アンパンマンやトーマス、プリキュアなど人気キャラクターのおもちゃがたくさんあるご家庭も多いでしょう。

そこで、例えばアンパンマンならアンパンマンが描かれているものをすべて同じボックスに収納します。ボックスにアンパンマンのシールやアンパンマンのおもちゃの写真を貼り、「アンパンマンが描かれているものはすべてこのボックス」というルールにします。

ボックスのサイズは、持っているものの量によるため決まりはありませんが、子どもが把握できる量に設定し、1歳くらいの幼児でも簡単に運べるA4～A3サイズくらいの大きさをおすすめします。そのため、このサイズに収まらないような大きなおもちゃは、たとえ同じキャラクターでも一緒に収納しないほうがよいでしょう。

素材は、プラスチックや丈夫なクラフト製だと軽くて便利です。さらに、持ち手がついているなど、子どもが持ち運びやすいものを選びます。

キャラクター別収納に入れないもの

同じキャラクターが描かれていて、A3サイズに収まるおもちゃでも、例外としてキャラクター別収納に入れないほうがよいものがあります。

・パズル

ピースがバラバラになって紛失しやすいパズルは、キャラクター別収納には向きません。100

まとめるだけのキャラクター別収納

1つのキャラクターを1つのボックスにまとめて収納。

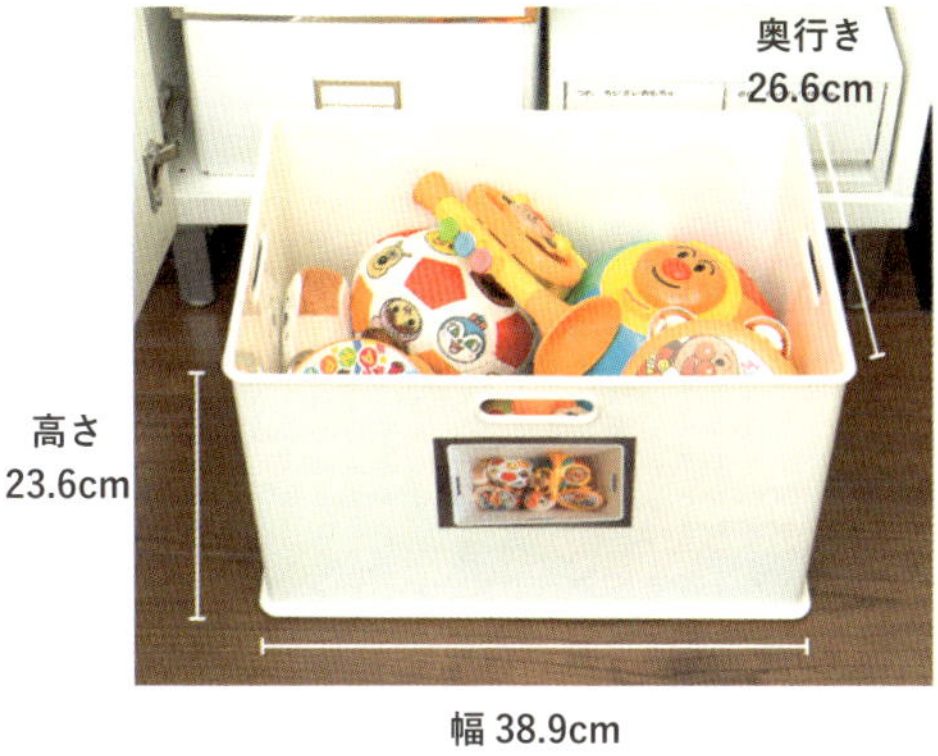

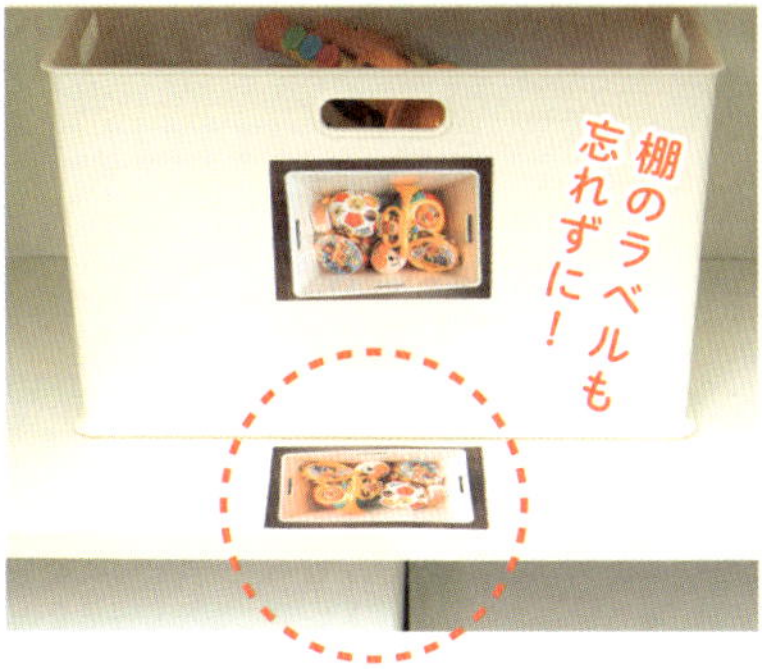

ページで紹介した「パズルの収納方法」で整理するほうが、遊びやすく、ピースをなくす可能性は低くなるでしょう。

●カードゲーム類

パズルと同じで、バラバラになってカードがなくなってしまう恐れがあります。トランプなどは、カードがそろっていないと遊べなくなってしまうので、カードよりも少し大きめの保存容器などに入れて収納したほうがよいでしょう。

●ぬりえ

キャラクターが描かれたぬりえは、ペンや色鉛筆などと組み合わせて使うため、キャラクター別収納に入れてしまうと、別途ペンや色鉛筆を取りに行かなければならなくなり、お片づけのハードルが高くなってしまいます。104ページのグループ収納にしたほうが使いやすいでしょう。

KODOMO OKATAZUKE

10

線路が好き？　並べるのが好き？
好きな遊び方に合った電車や車の収納

コレクションをどう片づけるか？

男の子がとくに大好きなミニカーや電車のおもちゃ。トミカやプラレールはファンが多く、コレクションのようにたくさん集めている子どもがたくさんいます。

電車のおもちゃはいろいろな種類の車両があり、線路のサイズや形も豊富です。これらを子ども1人で管理するのは、ほかのおもちゃ以上に難しいと思います。

同じ「電車のおもちゃ好き」でも、好きな遊び方はその子によって違います。「遊び方」に注目して収納方法を考えるのが、自発的にお片づけできるようになるコツです。

線路を広げることが好きな子

丸く線路を作ったり、カーブさせて方向を変えたりなど、線路を組み立てることが楽しいと感じる子には、線路が広げられるように大きな床のスペースを用意してあげましょう。そうすると、大満足で想像力を働かせ遊びはじめます。

床のスペースを確保するためには、床に直接ものを置くなど床面積が小さくなるような収納は避けて、子どもの適正量に合った収納棚を活用し、床にはなるべくものを置かないように意識しましょう。

線路をイメージ通りに組み立てるには、ほしい形の線路がすぐに取り出せるとよいですよね。そこで、線路を形別に分けて収納すると、考えながらスムーズに線路を組み立てることができます。

では、具体的にそれぞれのパーツをどのように収納したらよいか見ていきましょう。

・線路

奥行のあるボックス収納に、直線、カーブ、十字など形状別にしまいます。線路は長さがあるので、浅めだけれども長いものが収まるサイズの収納がおすすめです。

・パーツ

信号機、駅舎、踏切などたくさんの細かいパーツがあるときは、「パーツ」という分類にして、1つのボックスに収納するのがおすすめです。

・電車・車の本体

大雑把な子の場合は高さ20㎝くらいのボックスにザックリまとめてしまいます。きれいに並べる収納は長続きしないため、避けたほうがよいでしょう。箱に入れれば片づけが終わるような収納がおすすめです。

電車・車を並べることが好きな子

コレクションを眺めるのが楽しいタイプの子もいます。その場合、収納棚を遊び場兼収納場所として活用するとよいでしょう。そうすることで、出し入れする範囲が最小限で済み、お片づけの負担がほとんどなくなります。

高さ40～60㎝程度の横長タイプのカラーボックスを使用すると、小さな子どもでも立った状態でラクに棚の上に手が届きます。つまり、棚の上の面が机のような状態になるということです。

その面に線路の模様の敷物を敷いて電車を走らせて遊んだり、マスキングテープを車や電車のサイズに合わせて四角く貼って、駐車場のようにしたりすると、棚自体が電車・車遊びのスペースになります。

電車や車を並べることが好きな子の場合も、ザックリ種類ごとに収納するのがおすすめです。

●**線路**

棚自体を遊び場にした場合、線路はそれほど重要ではなくなるので、細かく種類を分ける必要はありません。大きめのボックスにザックリまとめてしまいます。

●**パーツ**

線路を広げることが好きな子と同様に、「パーツ」として、ひとまとめにして収納します。

●**電車・車の本体**

引き出しの中に並べる、または、棚の上に並べて収納できるスペースを作ってあげると、「コレクションをきれいにしまいたい」という気持ちが子どもの中に芽生えやすくなります。

電車や車を並べるのが好きな子は、この収納を作ることで親に言われなくても丁寧なお片づけをしてくれるでしょう。

その子が楽しんで片づけられるように

子どもの好きな遊び方を知ることで、収納する位置や方法も変わります。まずは子どもの好きなおもちゃを見つけ、そのおもちゃでどのように遊んでいるかを観察してみてください。

遊んで満足したあとも、楽しみながらお片づけができるように仕組みを整えてあげるのがおすすめです。

どちらのタイプの子の場合でも、遊ぶスペースと電車・車をしまう場所を近くにすると、すぐに遊べて、片づけやすくなります。ぜひ、意識してみてください。

遊び方に合わせた電車や車の収納

線路を広げるのが好きな子向け

ザックリ分けて収納。並べたりはせず、箱に入れればOKの簡単ルールに

ブロック橋脚パーツなどをまとめた箱
駅やトンネルなど大型パーツをまとめた箱

車両を並べるのが好きな子向け

車両をきれいに並べる収納に。「このままにしておきたい！」という気持ちを子どもが持ちやすくなる

収納棚の目の前の床にシールを貼って、そのまま遊び場に。遊ぶ場所と収納が近いから、ラクに片づけられちゃう！

KODOMO
OKATAZUKE

11

思いがこもっているから大切にしたい！
子どもの大事な作品の収納方法

「思い出として取っておく量」を決める

保育園や幼稚園で作る作品はもちろん、ティッシュの箱やトイレットペーパーの芯などで工作することが大好きな子も多いですよね。

想像力を働かせ、頭の中で形を思い描きながら制作している子どもの姿を見ていると、作品に対する思い入れも強くなり、なかなか捨てられないものです。

しかし、収納スペースは限られているため、思い出の作品で溢れてしまうと、日々の生活はとても不便になり、ストレスを感じます。

そこで役立つのが、47ページでも紹介した「思い出ボックス」です。

では、具体的な使い方を説明していきましょう。

作品ができたらそのつど考える

作品ができたら、「現物を保管する」か「写真で保存する」のどちらにするかを子どもと相談して決めます。

ただし、どちらの場合でも、作品が完成したとき、持ち帰ったときに、すぐ写真を撮りましょう。

以前、娘が保育園で絵を描いたマグカップを持って帰ってきました。同じようにマグカップを持ち帰った娘のお友達が、さっそく使いたいと言って、お母さんがカップを洗ったら、せっかく描いた絵がみるみる消えてしまったのです。子どもも親もがっかり、ということがありました。

これ以外にも、うっかり落として壊してしまった、飾っていたら部品が取れてなくなってしまっ

作品を飾る専用スペースの例

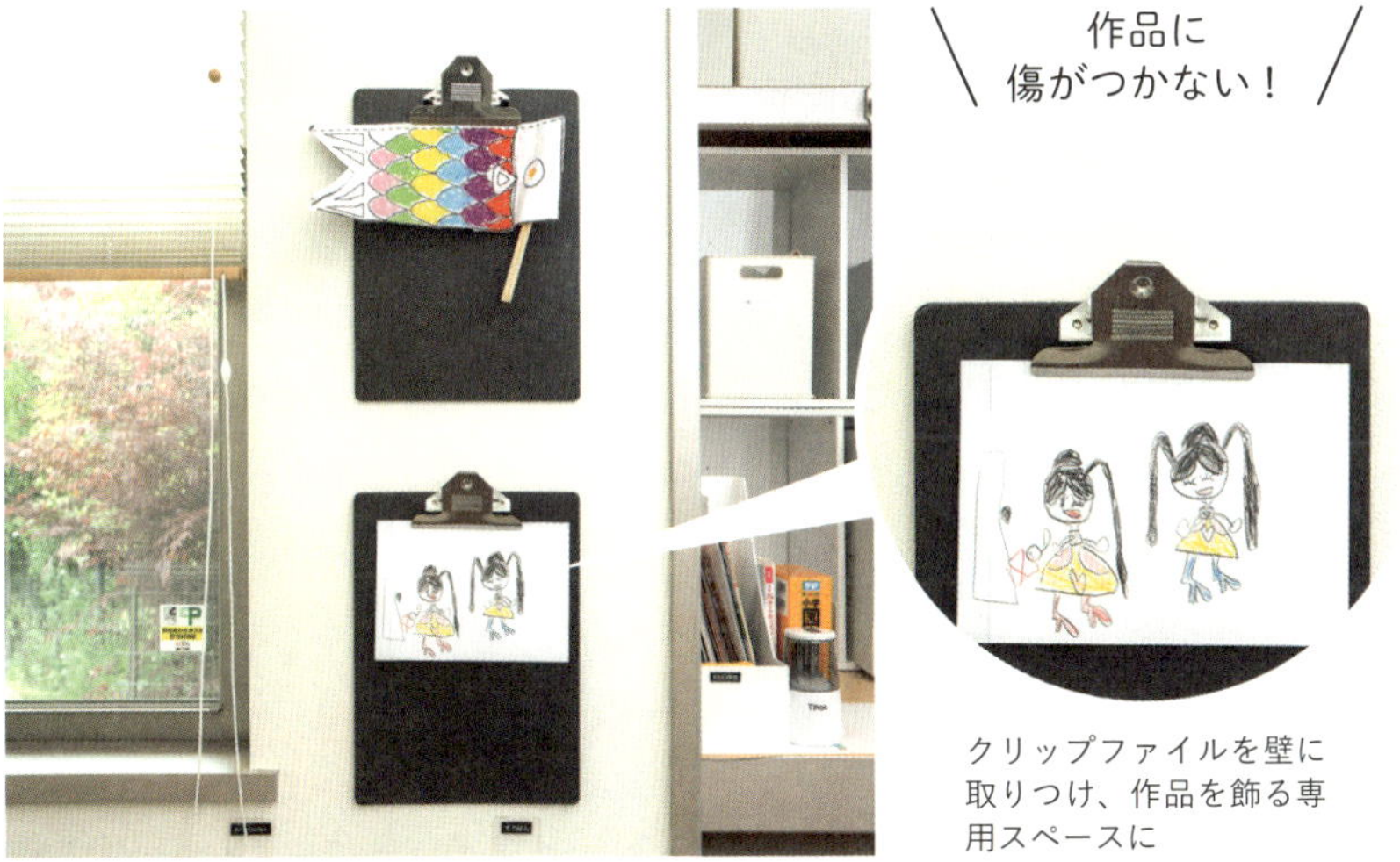

クリップファイルを壁に取りつけ、作品を飾る専用スペースに

た、ということはよくあります。

現物を保管する場合でも、必ず最初に写真を撮っておいたほうがよいでしょう。

写真を撮ったら、1週間程度お部屋に飾ります。子どもは、作った満足感もありますが、親に見てもらったり、褒めてもらったり、作品を好きになってもらいたいと思っています。それを表現するためにも、一定の期間飾るのがおすすめです。また、「上手にできたね」「ママ、この作品とっても好きだな〜」などと言葉で伝えることも忘れないようにしましょう。

作品を飾る専用スペースを決めておく

作品を飾る際に気をつけたいのは、お部屋のいろいろなところに飾って忘れてしまうことです。飾ったあと、保存することや、ほこりまみれにしないためにも作品の定位置を1か所に決めて、管理を簡単にします。

飾る場所は、お部屋の間取りやレイアウトに合わせて、子どもと相談して決めてください。

家族でいつでも見えるようにしたい場合は、リビングの壁面や棚の上あたりを使用します。

例えば、リビングにインテリアなどのものが多ければ、作品を飾るとお部屋全体がゴチャゴチャして見えてしまいます。

そのようなときは、家族で相談して現状のものを見直したり、インテリアとして飾るものを作品に変えたりするとスッキリと見せることができますよ。

子ども部屋へ飾るのも、お部屋全体が明るくなって可愛いのでおすすめです。

わが家の場合は、リビングと子ども部屋が隣あっているので、見たいときにはすぐ見られることや夫婦ともに毎日子ども部屋へ行くこと、子どもたちからの子ども部屋に飾ってほしいという希望もあって、子ども部屋に定位置を設けています。

絵など、平面のものを飾るときは、壁に傷をたくさんつけないように「クリップファイル」を取りつけると、クリップにはさんで飾ることができ、入れ替えも簡単です。

また、マスキングテープで枠を作り、額のように演出して壁に貼るのもよいでしょう。

立体的な作品は、棚の上などに飾る場所を作ると目に触れやすくなります。

たくさんのものの中に飾られても子ども自身が飾られていることに気づかなかったり、気づいたときにはほこりまみれだったりするのでは、飾る意味がありません。

飾るときは、自分が作ったものだと見てすぐわかるように飾り、飾る期間を決めたり、新しいものができたときに入れ替えるなど、作品が増えすぎないようにルールを決めるとより管理しやすくなります。

思い出ボックスで作品を保管する

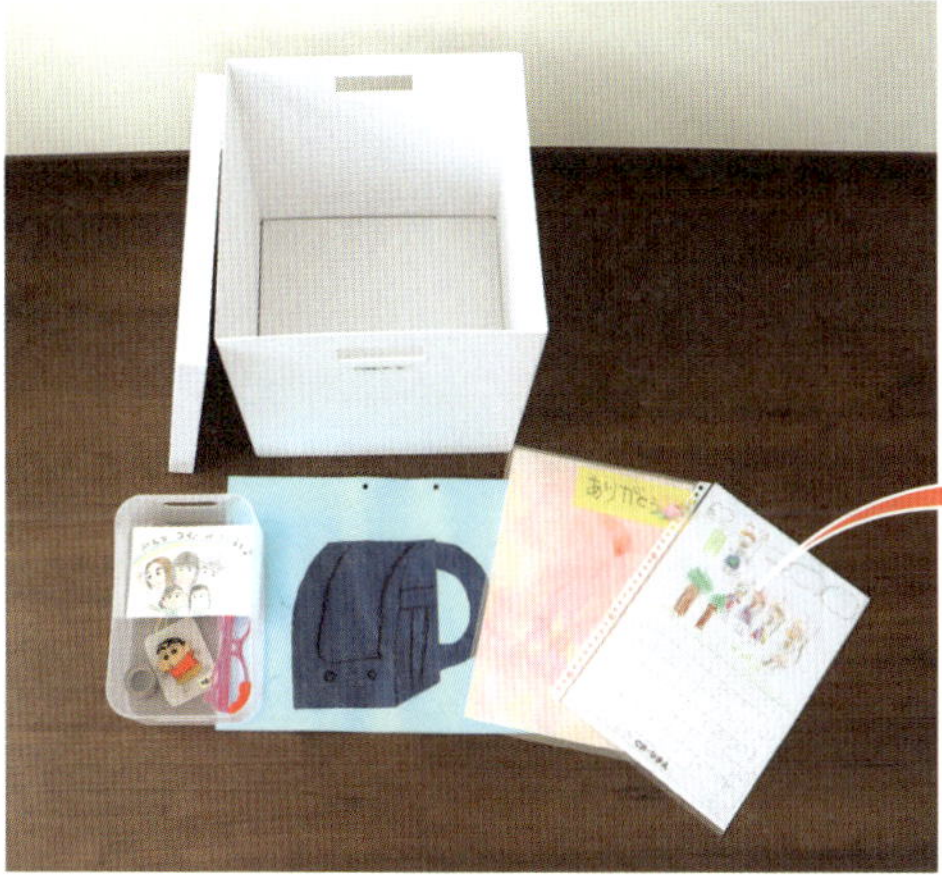

紙の作品はクリアファイルに入れたり、小物はボックス内に小さな箱を入れて保管すると、箱の中も整います

飾る期間が過ぎたら、子どもと相談して、「現物を保管」か「写真で保存」のどちらかに決めます。子どもに次のように質問してみてください。

「思い出ボックスで取っておく？　それとも、写真にする？」

この整理方法に慣れてくると、子どものほうから「これ、写真にする♪」「これは思い出ボックス！」と言うようになります。

現物を保管する場合

現物を保管する場合でも、先ほども説明したように大切な作品が壊れてしまうこともあるので、念のためまずは子どもと一緒に写真に収め、データ管理しておくことをおすすめします。遠方にいる親戚のお家に遊びに行ったときなどに、作品集をアプリで見てもらうこともできます。

次に、思い出ボックスに入れて保管します。

そのとき、思い出ボックスがいっぱいなら、

Google Keep で作品を保存する方法

指で年齢を表現

作品を持って
はい、ポーズ！

作品を持ち帰ったら、子どもと一緒にすぐに写真を撮影

Google Keep のアプリを開いて写真をアップ

写真のタイトルとコメントを入力して保存

＼ 完成！ ／

手軽に見せることができ、おじいちゃん、おばあちゃんも大喜び！

Google Keep 内に作品集を作ることができます！

ボックスの数を増やすのではなく中身を整理します。「ボックス内にあるもの」と「新しく入れたいもの」を比較し、どちらを取っておきたいか子どもに考えてもらいましょう。

思い出ボックスを頻繁に見る子どもの場合は、子ども用の思い出ボックスに作品をしまうと、箱の中で壊れてしまう場合があります。そのため、壊れやすいものは、緩衝剤などに包んで親の思い出ボックスで預かってあげるとよいでしょう。

写真での保存方法

写真で保存する場合、子どもに作品を持ってもらい、指で何歳か表現してもらって、スマートフォンやデジタルカメラで撮影します。そのデータはクラウド上やブルーレイディスクに保存すると、テレビやタブレットなどでいつでも見られるので、子どもにとっても満足感があり、安心して作品を手放すことができます。

このとき、子どもの作品集用のクラウドアプリを1つに決めると、データがバラバラになることがなく、まとめて見ることができます。

私は子どもたちの作品集をGoogle Keepに保存しています。Google Keepは容量が無制限ということ（2019年3月現在）、またアプリからカメラを立ち上げて作品を撮影し、画像にタイトルやコメントをつけられるため、「いつ・誰が」ということも明確にわかり、スマートフォンで見たいときに見られるので、とても便利です。

Google Keepを使うことで、子どもにとっても次のようなメリットがあります。

- **見たいときにいつでも見ることができる**
- **ちょっとした作品もすべて保存できる**
- **家族や親戚と共有できるから、手軽に見せられるし、褒めてもらえる**

ぜひ子どもが喜ぶ方法で大切な作品を保存してあげてください。

コラム

お片づけ先生流

家具の買い替えで失敗しないコツ

模様替え、子どもの進級、引越しなどのタイミングで、収納を増やそうと検討される方は多いと思います。新しい家具を購入したら、お部屋が狭くなったうえに、収納したいものも入りきらず失敗した、という相談は少なくありません。家具を置くと床面積が減り、お部屋の圧迫感が増してしまいます。

そこで、購入するときのコツが２つあります。

①しまいたいものと置く位置を購入前にはっきりさせる

例えば、ダイニングテーブルに置きっぱなしになっている子どもの勉強セットを収納する場所を作りたいとき。ダイニングテーブルの周辺で何をしているか、何をどれくらい収納したいかを書き出します。文房具をしまいたいのであれば、引き出しがあると便利ですし、勉強セットをファイルボックスに入れて収納したいのであれば、棚が必要だと具体的に判断できます。

容量を欲張りすぎてしまうと、大きなものを購入することになるので、あくまで使うもの、使っているものを意識して優先順位が高いものだけ収納できるサイズを考えましょう。

②長く使えそうなものを選ぶ

子どもの収納だからと、子どもが喜ぶデザインのものを選ぶのはおすすめできません。子どもの成長はあっという間。家具は長く愛用できるシンプルなデザインのものを選ぶと、頻繁に買い替える必要がなくなります。お部屋の雰囲気やその他の家具の色に合わせて統一感のある家具を選ぶとよいでしょう。また、しまいたいものに合わせて棚の高さを変えられる可動式のものを選ぶと長く使えますよ。

CHAPTER
5

子ども自身で次の日の支度ができるようになる方法

KODOMO OKATAZUKE

11

どんな仕組みなら自分でできるの？

園ではできてお家ではできない理由

幼稚園、保育園などの支度はどうしていますか。子どもが寝静まったあと、親が眠い目をこすりながら次の日の支度をしてあげている、まだ小さいから仕方ないと思い、すべてやってあげているという話をよく耳にします。

でも、「何歳くらいから自分でできるのだろうか？」「できるならば、自分の支度は自分でしてほしい」というのが親の本音ですよね。

保育園児の場合、2歳くらいから自分で支度が少しずつできるよう園内に仕組みが作られていて、先生が声をかけて促しています。

例えば多くの保育園では、教室に入ると、まず靴下入れが置かれていて、その動線上にタオル掛けやシールノート入れがあり、最後にロッカーにたどり着くように配置されています。つまり、あちこち行かなくても、スムーズに園児が動けるように、先生たちが子どもたちの動線を考えたうえで、ものの収納場所を決めているということです。

保育園では自分で支度ができるのに、どうして家に帰るとできないのか。

それは、子どもが甘えているという理由だけではなく、お家に片づけられる仕組みが整っていないからかもしれません。

保育園や幼稚園のように、お家に入ってからの子どもの動線上に片づけられる仕組みを作り、何をどうするか声をかけると、無駄な動きも少なくスムーズに子ども自身で支度を行なうことができます。

スッキリした玄関を保つコツ

長女スペース
次女スペース
三女スペース
脱いだ靴は必ずシューズクローゼットにしまうのが伊東家のルール！

身長に合った位置にスペースを作ってあげるとお片づけのハードルが下がります

CHAPTER5では、その仕組みの作り方と声のかけ方を紹介します。

この一連の流れが習慣化されるまで、1か月くらいはかかりますが、自分の支度を自分でできるようになれば、親は声かけだけで済み、その分、家事に専念できます。そして、なにより子ども自身の成長にもつながり自立への第一歩となります。

「お片づけ先生」の自宅例

まずは、仕組みの全体像をつかむために、わが家の帰宅後の仕組みを見てみましょう。

①脱いだ靴をしまう

シューズクローゼットの子どもの取り出しやすい低い位置に、子ども専用の靴スペースを確保しています。

玄関はお家の顔なので、脱いだ靴を放置させず施設同様、脱いだ靴は自分で収納してもらいます。

洗面所と上着掛けの仕組み

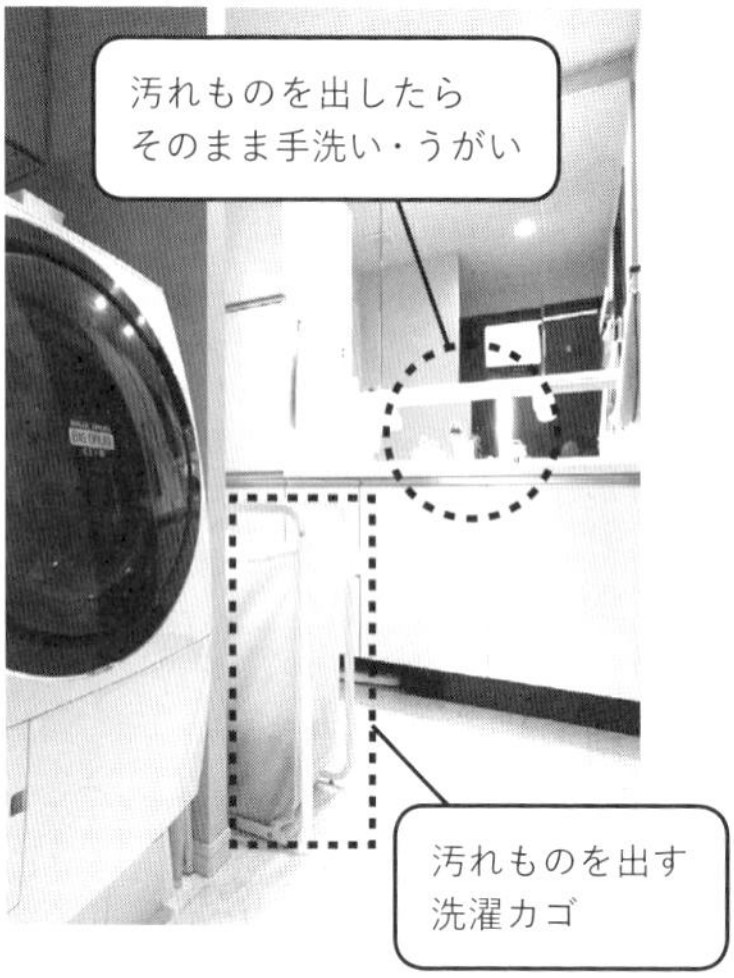

汚れものを出したら
そのまま手洗い・うがい
汚れものを出す
洗濯カゴ

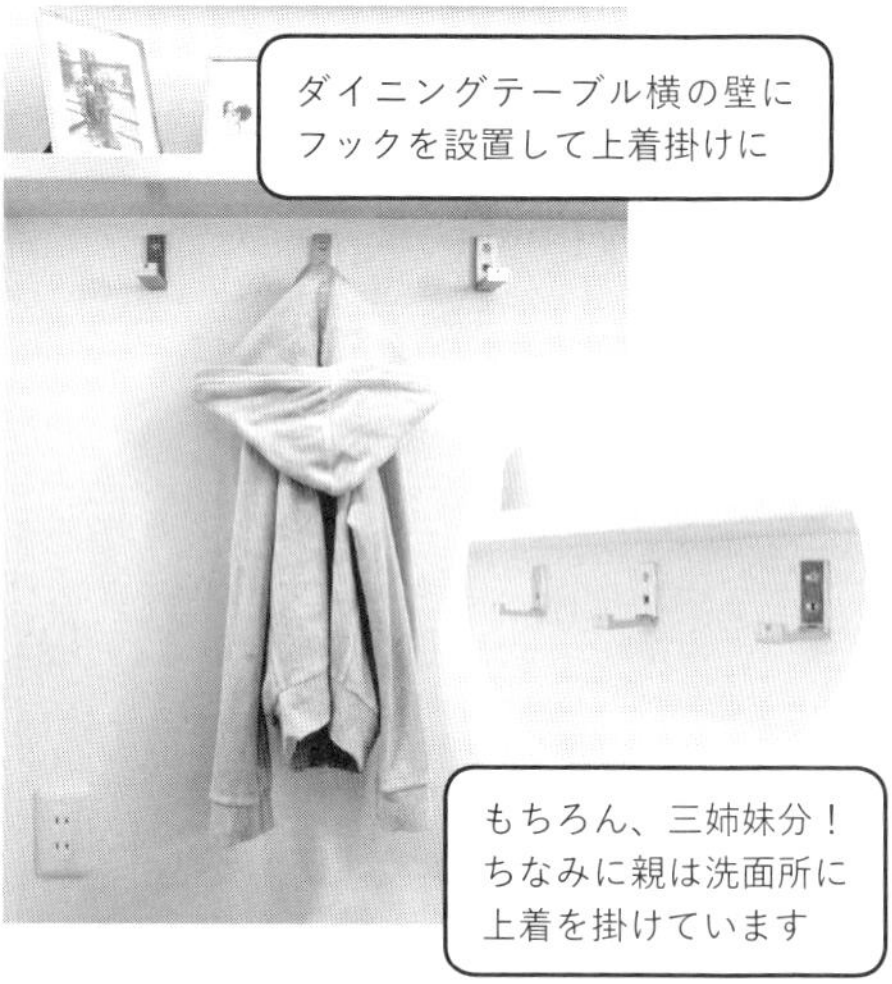

ダイニングテーブル横の壁に
フックを設置して上着掛けに
もちろん、三姉妹分！
ちなみに親は洗面所に
上着を掛けています

②汚れものを出す（手洗い・うがいをする）

靴をしまい終えたら、カバンを持ったままその流れで洗面所へ一直線。各自、カバンから汚れものを洗濯カゴの中へ入れます。そのため、洗濯カゴは床に置き、子どもでも簡単に汚れものを出せるようにしています。

汚れものを洗濯カゴに入れたら、そのすぐ横の洗面台で手洗い・うがいを済ませます。

③上着を掛ける

ダイニングに入ってすぐの壁面にあるフックに上着を掛けます。フックの位置は、子どもの手で簡単に掛けられる子どもの目線の高さです。

上着を床に放置されないように、玄関に近いダイニングに入ってすぐの位置に設置しています。

次ページの間取り図を見るとわかるように、③～⑤までの距離が少し長くなっています。長いといっても距離的には５ｍくらいでしょうか。

収納場所が動線に合った状態

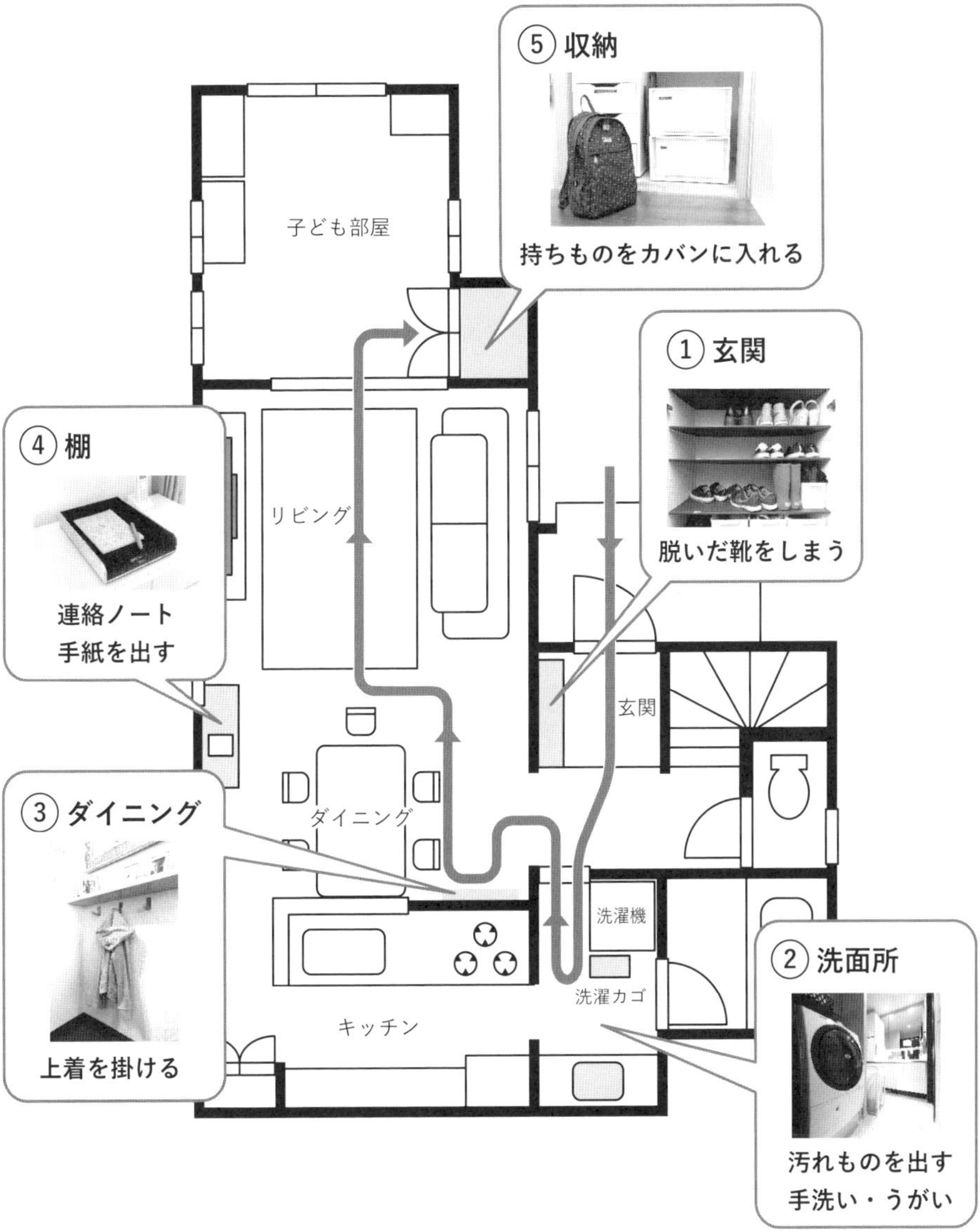

でも、子どもにとってはこの距離も遠く感じることがあるようです。そのため、ダイニング内に収納が豊富であれば、そこに子どもが支度できる仕組みを作ることをおすすめします。

わが家はリビング内に収納が少ないという事情もあり、子ども部屋入口に支度するスペースを作りました。ときには②と③が逆になり、上着を脱いでから汚れものを出すということもありますが、順番にはこだわらず、⑤までできればＯＫとしています。

④連絡ノート・手紙を出す

連絡ノートや保育園からの手紙をダイニングの棚の上にあるＡ４サイズのトレーに入れます。

⑤持ちものをカバンに入れる

次の日の持ちものであるループつきタオル、着替え、エプロンなどをカバンにしまいます。

これらは１つの引き出しに収納しています。こうすることで、いろんな引き出しを開け閉めする必要がなく、ワンアクションで済みます。

衣類が多いご家庭は、施設用とお休みの日用に衣類を分けて収納すると使いやすいでしょう。

ここで必要なものをカバンに入れたら、支度はおしまい。ここまでの流れを子ども自身ですべて行なうことができます。

お片づけ先生の家での声かけ

子どもの場合、仕組みを作るだけではなく、毎日の声かけが必要になります。毎日の声かけは「片づけて！」ではなく、クイズ形式で楽しみながらがポイントです。

「さて、問題でーす。お家に帰ったら最初に何をするでしょうか♪」と自宅への帰り道で声をかけます。

ヒントをたくさん与え、子どもに正解を言わせてあげましょう。

「おっしいな〜！」「ぶび〜！」など面白おかしく声をかけることがポイントです。面白おかしくすることで、子どもが面倒だなと感じずに、楽しんで支度をしてくれるはずです。楽しいと感じているので、あっという間に支度を終えて、物足りなさすら感じることもあります。

支度を終えたあと、余裕があれば子どもに質問するようにしています。

「明日の用意はＯＫ？」
「間違えてパパのパンツ入れてない？」
「今日はカバンに何のタオルを入れたの？　プリンセスタオル？　それとも星マーク？」

こんなふうに、できたことを確認する際も、「本当にできたの？」という雰囲気で聞かず、どんな可愛いタオルを入れたか知りたいという聞き方をすると、子どもは喜んで答えてくれます。

「わが子に対してなぜこんなにも気をつかわないといけないのか？」と思われる方もいるかもしれませんが、怒って片づけさせたり、信用せず疑った聞き方をしたりすると、子どものやる気を奪ってしまいます。

せっかくやる気になっているのに、心配だからといって疑ったりせかしたりすると逆効果です。面白おかしく質問してみたり、楽しめるように意識することで、子どもが自主的に支度をするモチベーションを上げましょう。

親も疲れていたり、体調が悪くて余裕がないときもあります。そんなときは、面白おかしくはお休みして、普通の声かけでもよいと思います。

ただ、子どものやる気は、やっぱり大人の楽しい声かけでガラッと変わりますので、無理をしすぎない程度に楽しんでみてください。

KODOMO
OKATAZUKE

2

必要なものとやってほしいことは何？

前項で見ていただいたわが家の例で、子どもが自分で支度ができる仕組みをイメージできたでしょうか。

ここからは、その仕組みをどうやって作ればよいのかを説明していきます。

幼稚園・保育園に持って行くものは？

まず、子どもの生活の流れや施設（幼稚園・保育園）からもらっている手紙を読み返し、施設に持って行くものを書き出してみましょう。こうすることで、まとめて収納したほうがよいものは何かを把握することができます。

もし、手紙などがなければ、次の例を参考に思い出してみてください。

- □ ループつきタオル
- □ コップ・歯ブラシセット
- □ ランチョンマット
- □ 着替え
- □ オムツ
- □ 連絡ノート
- □ シールノート

施設に持って行くものが書き出せたら、数などのより細かな情報を書き足していきます。

例えば、着替えは2セット、オムツは5枚など、施設へ持って行く量が決まっていることが多いでしょう。その必要な数を具体的に書き込むことで、何をどの程度ストックしておけばよいのか収納するイメージがよりはっきりします。

子どもにやってほしいことを書き出す

持ちものが把握できたら、次は帰宅後、どんなことを子ども自身に行なってほしいか、書き出します。その際、「うちの子にはまだできないかもしれない」と思っても、まずは書き出します。

具体的には、次のようなことです。

- □ 靴をそろえる
- □ 手洗い・うがい
- □ 手紙をカバンから出す
- □ 上着を片づける
- □ カバンを片づける

そのほかにも、先ほど書いた持ちものから、子ども自身の手でやってもらいたいことが思い浮かぶ場合もあるでしょう。

例えば次のようなことです。

- □ ループつきタオル → 新しいものに交換
- □ 連絡ノート → 机の上に出す
- □ 汚れた服 → 洗濯カゴに入れる
- □ 着替え → 新しい洋服を入れる

親が持ちものを準備してあげていて、子どもに何をしてもらいたいかがはっきりしていないという方も多いと思います。少し面倒でも、書き出すことで具体的にイメージしやすくなるので、ぜひやってみてください。

一度、このように持ちものと具体的にどんな支度を自分でしてもらうかを明らかにしてから、次項の支度スペース作りを進めましょう。

また、子どもができる範囲を「ここまでしかできない」と決めつけず、可能性を伸ばせるように子どもの力を信じて、できるだけ自分でいろいろなことをやらせてあげましょう。

3 子どもの動線にぴったりの仕組みとは？

動線の順にやってもらうことを考える

保育園や幼稚園のように、お家の中にも子どもが自分で動ける仕組みを「動線」をベースに考えていきます。

なぜ、動線をもとに考えるかというと、たとえ家の中の短い距離だとしても、行ったり来たりしてお片づけや明日の準備をすることは、子どもにとって大きな負担だからです。

大人だって、リビングに靴下を脱ぎっぱなしにしてしまう人もいるくらいですから、動線を考えた仕組みを作らなければ、子どもが簡単に片づけることはできません。

施設から帰ってきて、お家に入ったところから順番に考えてみましょう。

①靴をそろえる・しまう

玄関に入ると靴を脱ぎますよね。バラバラと脱ぎっぱなしで靴が散乱していると、あとから帰ってきた人にとって気持ちのいいものではありません。脱いだ靴はそろえる、または、シューズクローゼットにしまう、というルールを決め、子どもが動けるような仕組みを作ります。

・そろえればOKのルールの場合

シューズクローゼットにしまわなくても、そろえておけばOKというルールにする場合、靴を置く場所にビニールテープを貼るなど印をつけると子どもでも印を見ればそろえることを思い出せて、靴の定位置が決まります。

これは、コンビニのレジに並ぶ位置に貼られている足型や矢印などの誘導シールと同じです。テープが貼ってあることで、「ここに置きたい」という心理が働き、強く意識しなくても、定位置に靴を置けるようになります。

・シューズクローゼットにしまうルールの場合

玄関に出しっぱなしは気になるので、毎回シューズクローゼットにしまってもらいたい、というご家庭でも、仕組みは必要です。

シューズクローゼット内の出し入れしやすい子どもの胸の高さ以下の位置に専用の場所を用意します。そして、そこにラベルを貼ります。どんなラベルでもかまいませんが、子どもの名前や靴のイラストが書かれたラベルにすると、「ここは自分の場所」と意識できるので、おすすめです。

「ここは○○ちゃん、専用の場所だよ」と伝えると、自分だけの場所をうれしく感じる子も多いでしょう。

そろえるだけと比べると、少し手間が多く、習慣づくまで時間がかかります。そのため、「○○ちゃんの場所にしまってね」と優しく繰り返し声かけをし、「きれいにしまえて、玄関がスッキリしたね。ありがとう!」という喜びと感謝の気持ちを積極的に伝え、子どものやる気スイッチを入れましょう。

②汚れものを出す、手洗い・うがい

施設で使って汚れた洋服やタオルなどを洗濯カゴに出してもらえると、洗濯をする側としてはとっても助かりますよね。

一度カバンをどこかに置いてから汚れものだけを取り出して、それを洗濯カゴに持って行く、というのは大人でも面倒に感じるものです。

また、手を洗ってから汚れものを取り出すと、もう一度手を洗わなければならなくなってしまいます。

そこで、お家に入ったら、カバンを持ったまま洗濯カゴまで行き、汚れものを出します。洗濯機と洗面所は近い場所にあることが多いと思いますので、汚れものを出した流れで手を洗い、うがいをすれば、動線がよく、ラクに汚れものを出すのと手洗い・うがいがいっぺんにが行なえます。

③カバンを片づける

最後にカバンを片づける場所を動線に合わせて作ります。ここが一番の悩みどころではないでしょうか。

お部屋の間取りや普段子どもが過ごす場所に合わせて収納を用意し、仕組みを作ります。

理想を言えば、ベストなカバンの置き場所は玄関までの動線が短く、親が見渡せる位置です。なぜなら、玄関までの動線が短ければ、簡単にカバンを持ち出すことができて、親も声かけがしやすく、外出がスムーズになるからです。

ですが、「玄関に近い場所に、カバン置き場を作るのは難しい」ということも多いでしょう。

わが家のように、リビングのほうが玄関に近いけれど、お部屋の広さや収納の都合で、子ども部屋に置き場を設置せざるを得ない、という場合もあると思います。そこで現実的に言うと、子どもの洋服など支度するものが収納できる部屋にカバン置き場を作るのがおすすめです。

・子どもが自分で支度するための収納を作る

洋服、タオル、オムツなど、支度する持ちものを収納するスペースを用意します。

大きさは、これらがすべて入るサイズになりますが、わが家では1人1つの引き出し式のプラケースに収納しています。

・洋服の収納

洋服の量が多い場合は、平日用とお休みの日用

カバン置き場と洋服収納はすぐそばに

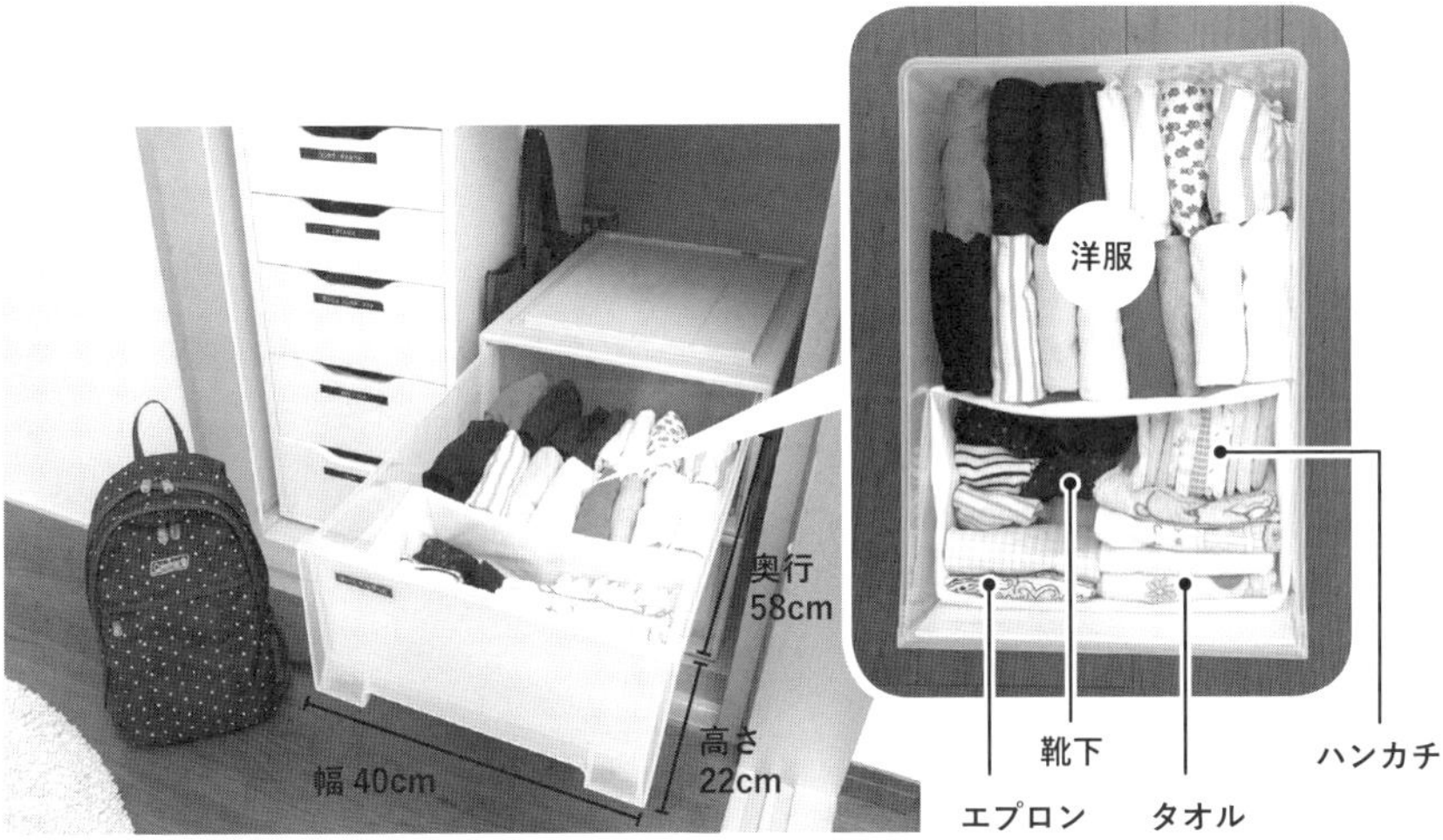

支度はこの引き出し１つで完了するようにまとめて収納。「ワンアクションで済む」を大切にすることで子どもが自分でできるようになります

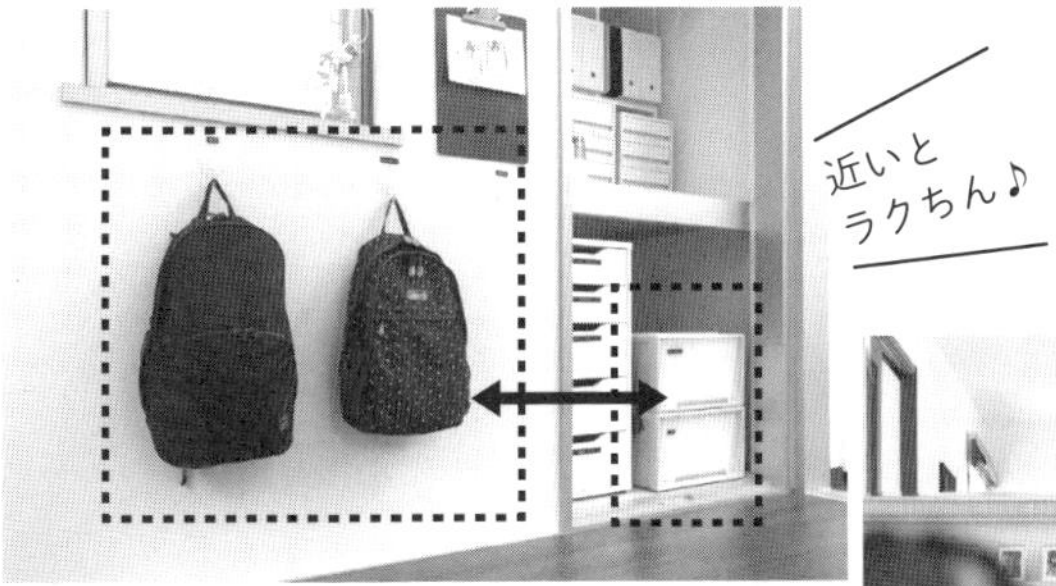

洋服などを収納してある引き出しのすぐそばにカバン掛けがあるから、片づけるのが面倒くさくない！

親が声をかけやすい位置に支度するスペースを作るのがおすすめ

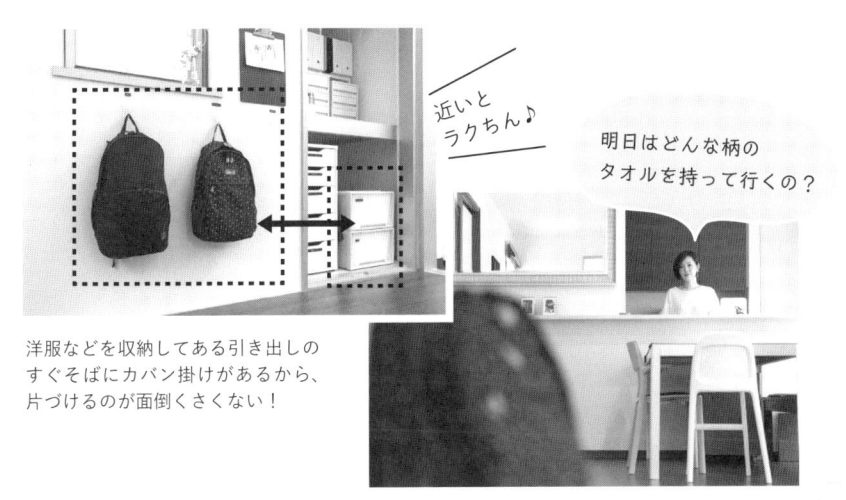

を分けて収納すると、幼稚園や保育園に着て行ってはいけない服を子どもが選ぶことがなく、親も注意する必要がなくなるため、おすすめです。

奥行きが40～60㎝くらいの深すぎない引き出しタイプだと、出し入れしやすいでしょう。

また、引き出したときに何が入っているか上から見渡せるように収納すると、持ちものを選びやすく、探す手間を省くことができます。

引き出しの中をグループ分けし、Tシャツ、ズボン、スカートなどは、引き出しの幅や高さに合わせて畳み、次ページの写真のように立てて入れることで、取り出したときに崩れないように収納します。

また、子どもが2歳以下で、親が洋服を選んであげている場合は、例えばTシャツの間にズボンを挟んで畳むことで洋服の上下をセットにしておくと、さらに支度がラクになります（次ページ写真参照）。

・タオル・靴下の収納

タオルや靴下は、洋服を収納している引き出しの中に、小さめのカゴに入れて、混ざらないように収納します。洋服と引き出しを分けると、いろいろな引き出しを開け閉めしなければならないため、1つの引き出しに一緒にしまうとよいでしょう。ワンアクションで支度できる仕組みがあれば、支度が苦になりません。

タオルは、1日1枚ずつしか持って行かないのであれば、3枚程度で使い回せるかと思います。増やしすぎると洗濯もしまうのも管理するのも大変なので、持ちすぎないように意識します。

・カバンの置き場所

壁面にフックを取りつけてカバンを掛けられるようにするのがおすすめです。なぜなら、壁を使うと子どもの身長に合った高さに設置できるからです。また、多くの保育園や幼稚園でも、壁にあ

洋服の畳み方と収納の仕方

1

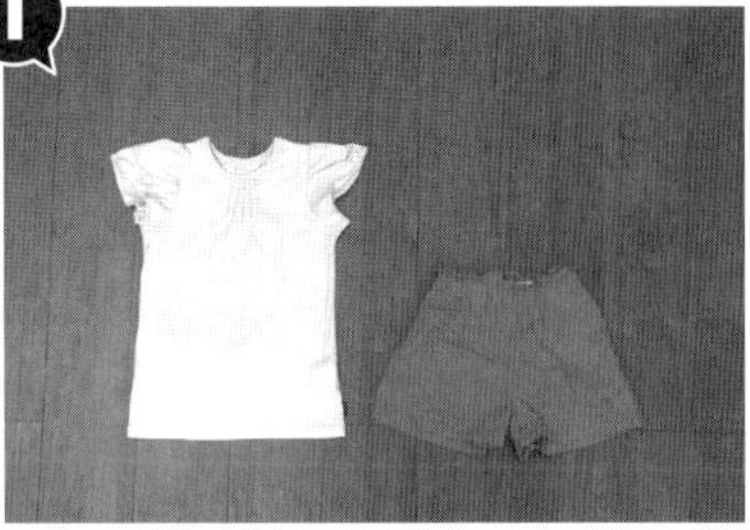

組み合わせて着るトップスとズボン（もしくはスカート）を用意する

2

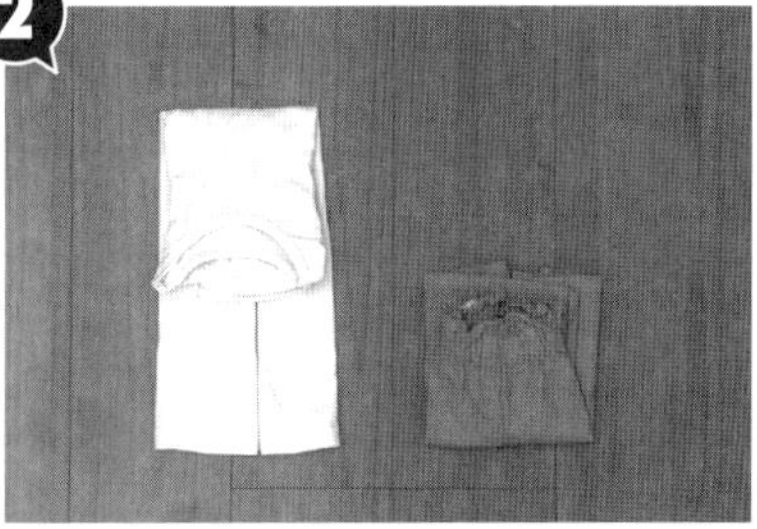

それぞれ同じ幅になるように畳む。このとき、トップスの裾の部分は折らずに長く残す

3

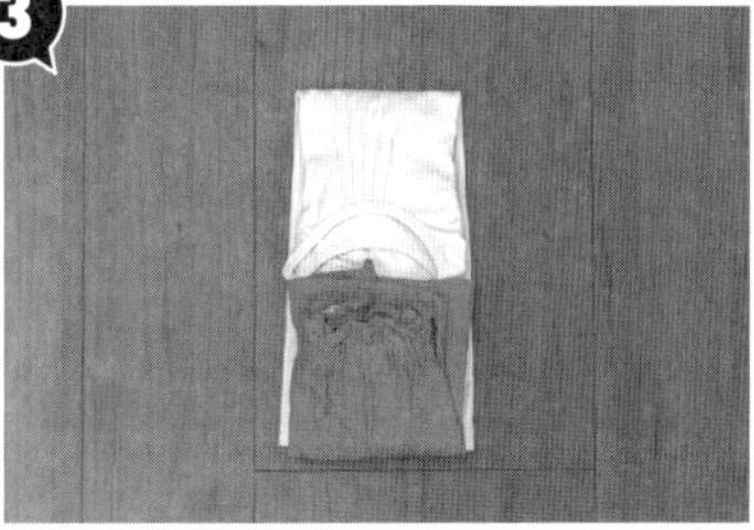

トップスの裾に合わせてズボンを乗せる

4

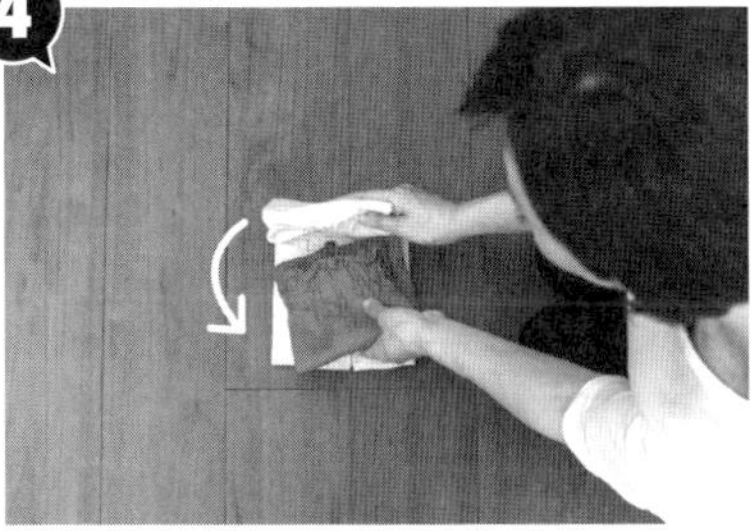

ズボンを挟み込むようにトップスを折る

5

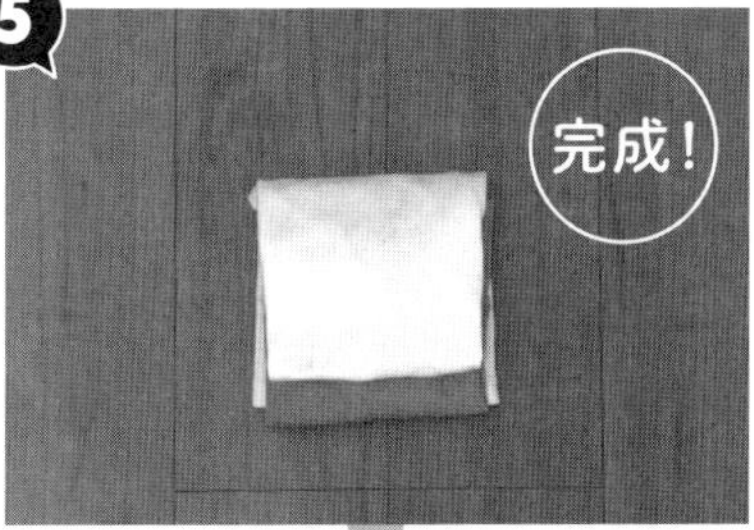

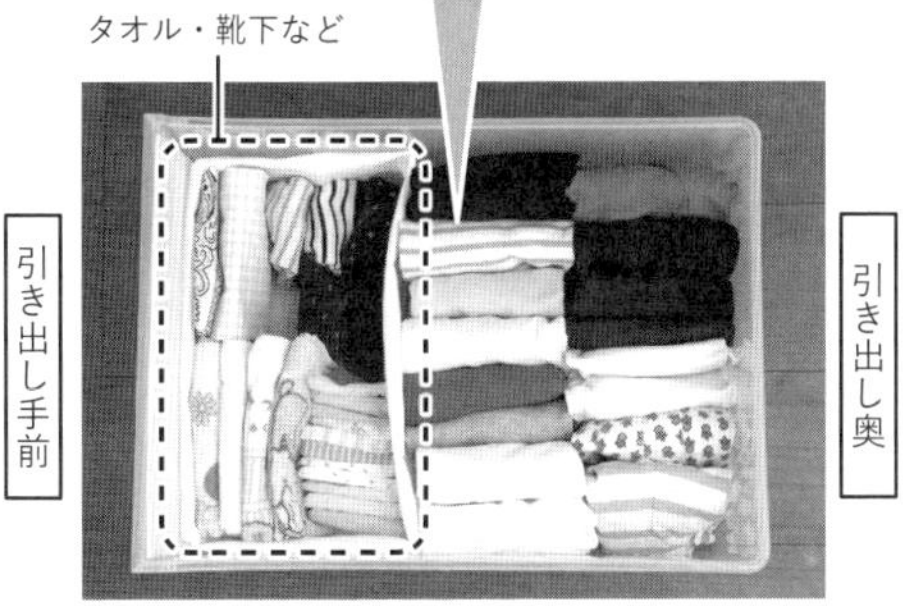

立てて収納すると、取り出しやすく、枚数もたくさん入ります

るフックにカバンをかけるようにしているため習慣化しやすいでしょう。箱やカゴを用意して、そこに入れるようにしてもかまいませんが、ほこりが溜まりやすく、掃除するときも箱をどかすなど動作が必要になります。

今は、壁を傷つけずに設置できて、重いものでも耐えられるフックが１００円ショップでも売られています。カバンの中身も含めた重さを考え、耐荷重２kg以上のものを選んでください。

・オムツの収納

子どもが取り出しやすい高さの場所に、10枚くらいずつ箱やカゴなどに入れておきます。

施設によっては、オムツに名前を書かなければならない場合がありますが、そのときは名前が書いてあるものを子どもの手が届く場所にしまい、名前を書いていないオムツは、子どもの手が届かない位置に、名前を書くためのペンやスタンプと一緒にしまっておくと作業がラクになります。

・連絡ノート・お手紙置き場

連絡ノートやお手紙は、直接手渡されても今は読めない、ということがありますよね。そこで、連絡ノートとお手紙を置く場所を作り、定位置に出してもらうようにすると、紛失や汚してしまう恐れがありません。

置き場所は、カバンを置く場所の近くやダイニングテーブルの近くだと、動線がよく、生活の中で視界に入り、見忘れを防ぐことができます。

棚があればA４サイズの書類ケースやファイルボックスを置くことをおすすめします。棚がない場合は、壁面を利用してウォールポケットを用意してもよいでしょう。さらに、毎日検温してノートに記入する必要がある場合は、体温計やペンも一緒に置いておくと、書く親にとっても便利です。

カバンの置き場が子ども部屋で、親が連絡ノー

連絡ノート・お手紙置き場

ノートを書くダイニングテーブルのすぐ近くに置き場を作ると記入を忘れにくい。お手紙もこのトレイに

アプリで書類管理をするのもおすすめ！

ポスリー

トを見るのはダイニングという場合は、子ども部屋に置き場を作ると見忘れがちなので、ダイニングに置き場を作るほうが安心です。

　支度が終わったら、最後に手紙置き場に連絡ノートと手紙を持ってくるといった約束を決めるとよいでしょう。習慣化するように「ここにお手紙と連絡ノートを持ってきてね」と声をかけます。

　カバンを置く場所と手紙を置く場所の距離が長いと習慣づくまではなかなか自主的にはできないと思いますが、毎日子どもに「お支度終わったら、手紙とノートのお届けをお願いしまーす」と声をかけるだけでも子どもの様子は変わってきます。

　手紙を管理する際におすすめなのが、株式会社cosoralが運営する「ポスリー」というアプリです。子どもが持ち帰った手紙の写真をスマホで撮り、アプリに登録することで、提出書類や原本管理しなくてよいプリントは即処分できて管理がラクになります。

KODOMO OKATAZUKE

4 タイミングを決めてやってみよう!

いつ支度をするかタイミングを決める

動線に合わせて仕組みを決めたら、支度をする習慣を身につけていきます。そのためには、まず支度するタイミングを決めましょう。

「いつやるか」をはっきり決めておかないと、行動に移すのが面倒になってしまいがちです。ルーティーンとすると、支度することに負担を感じないようになっていきます。

次の日の支度は、「帰宅後すぐ」がおすすめです。小さな子どもの場合、寝る前だと眠たくて甘えモードに入ってしまいがちです。眠たい中で支度のために動かなくてはならないので、動線に合った仕組みを用意したとしても、最初に動きだすスイッチを入れなければならないため、「帰宅後すぐ」に比べて心理的負担が大きくなります。

当日の朝に支度する、というご家庭もあるかもしれませんが、朝はやることが多くバタバタしがちで、親も声かけが十分にできない可能性も高いので、できるだけ前日のうちに支度しておきましょう。

習慣を根づかせる「魔法の声かけ」

仕組みを作っても、はじめのうちは自主的にはできない場合がほとんどでしょう。習慣化させるために、親は毎日、子どものやる気がわくような「魔法の声かけ」を心がけます。

魔法の声かけは、「明日の支度をしなさい!」ではいけません。支度自体が楽しくなるように声をかけます。

例えば、幼稚園や保育園からの帰り道に、クイズ形式で支度のことを思い出してもらいましょう。**「さて問題です。お家に帰ったら、最初にすることは何でしょう？」**

こんなふうに、子ども自身に何をどうするか考えて、思い出してもらうように促します。ヒントをたくさん与えて、正解できるようにすると、支度へのモチベーションが高まります。

家に着いたあとは、136ページで紹介したように声をかけてあげてください。

頻繁に声をかけるのが難しい場合

親の目が届くところで見守りながら「タオルは用意した？」「お洋服はしまった？」と声をかけるのは大変という方は、「お支度ボード」を用意するのも1つの方法です。

最初に書き出した持ちものとやることをボードにまとめ、子どもがそれを見ればできる状態にします。そうすると、いちいち細かく声をかける必要はなくなり、「ボードを見てお支度してね」と言うだけで済むようになります。

マグネットなどを使って、終わったものとまだ終わっていないものがわかるようにすると、小さな達成感を得ることができます。

いろいろ試して、親子に合った形を見つけてみてください。

お支度ボードのイメージ

コラム

お片づけ先生流

上着の置きっぱなしを防ぐ テクニック

外出から帰ってくると真っ先に上着を脱ぎ、床やソファー、ダイニングの椅子等に置きっぱなしにされること、ありませんか？　これは子どもに限らず大人でもよくあることですよね。

「クローゼットがあるのにどうしてしまってくれないの？」と思われるかもしれませんが、クローゼットが帰宅後の動線上になかったり、距離が遠かったりすると片づけるハードルが高くなります。

上着置き場として片づけやすい場所は、玄関や帰宅後最初に入るお部屋の入口です（詳しくは、134ページで紹介しています）。

玄関や最初に入る部屋の壁面は活用できませんか？　最近は、おしゃれな見た目のフックがたくさん売られていますし、壁面を傷つけない接着剤タイプもあります。このようなフックを子どもの目線から頭の高さあたりに取りつけると上着の置きっぱなしが防げます。

すでに持っているハンガーラックを使いたい場合、帰宅後、最初に入るお部屋の入口付近にハンガーラックを置くだけでは不十分です。ハンガーに上着を掛ける方法は、まだ小さな子どもにはハードルが高いお片づけです。子どもでも簡単にできるのは、「ただ掛けるだけ」。ハンガーラックにＳ字フックを掛けて、よく着る上着だけはフックに掛けるだけでＯＫのルールにすると、子どもでも片づけやすくなります。

一方で、ハンガーポールはあまりおすすめできません。ポールにフックがたくさんついていることで、あまり着ない服まで掛けてしまいゴチャゴチャしがちで、床の掃除もしにくいからです。

床置きしない壁面フックやウォールハンガーを活用した「動線を意識」した、「引っ掛けるだけ」の収納で、上着の置きっぱなしを防ぎましょう。

CHAPTER

6

こんなときどうする？お片づけ先生教えて！

OKATAZUKE
Q&A

Q1

何をやってもお片づけできない

いろいろな収納法を試していますが、うちの子はどうしてもお片づけができません……。

A

もう一度、既成概念を捨てて収納場所を考えてみてください。

よく「こうしなければならない」とか「こうでなければいけない」という言葉を会話の端々で使う方がいます。しかし、お片づけに「こうしなければならない」というルールはありません。

そもそも「こうしなければならない」という考えは、周りからどう思われるか、多くの人はどうしているかという視点から生まれてくるものです。

自宅の中で、世間の人の意見は必要ありません。住んでいる人が快適に暮らせれば、それが一番よい状態です。人それぞれ生活スタイルも動線もクセも習慣も違うので、世間一般に合わせる必要はないのです。合わせる必要があるのは、その家に住む家族の生活スタイル。それに合わせて整理し収納すれば、お片づけができるようになります。

わが家で実践している、既成概念を捨てた収納法を2つ紹介しましょう。

例1「歯磨きセットは洗面所に収納する」
⇩「リビングに近いところに収納する」

わが家では、いつもリビングでくつろぎながらじっくり歯を磨きます。そのため、なるべくリビングに近い場所で歯磨きの一連の動作ができれば、子どもにとって歯磨きが面倒ではなくなると気が

伊東家の歯ブラシ置き場

子どもにとって歯磨きが面倒に感じなくなる場所を定位置に

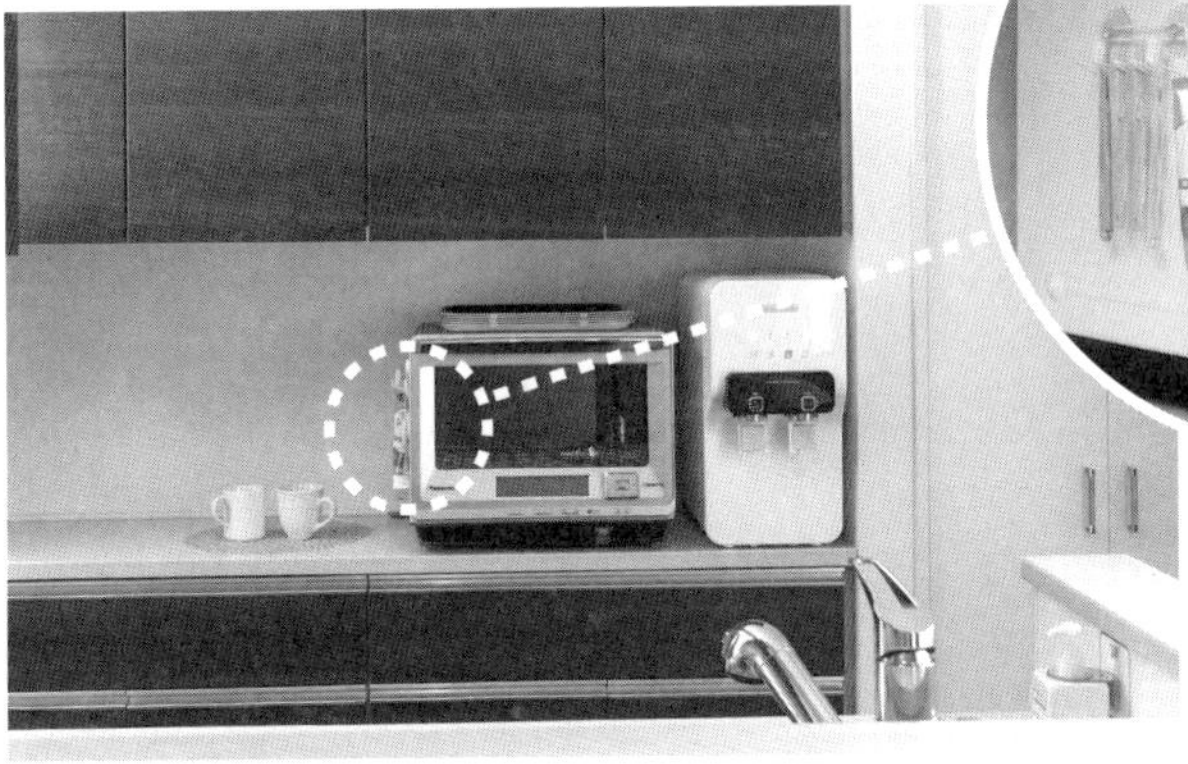

シンクの向かい側にある電子レンジにくっつけて収納。リビングに近いから動線が短くて便利！

つきました。

わが家の場合、洗面所よりキッチンのほうがリビングから近い場所にあります。そのため、キッチンにある電子レンジの側面に100円ショップで購入した歯ブラシ立てを吸盤でくっつけています。家族全員分の歯ブラシを置き、近くに子どもが自分で出し入れできるような踏み台も置いてあるため、それを使って自分で歯磨き後のうがいもシンクでしています。これにより、歯磨きをするまでの動線が短くなり、便利になりました。

ちょっとの距離でもなんとなく面倒に感じていた歯磨きがラクになり、子どもが親に言われなくても自分で歯を磨けるようになりました。

キッチンで口をゆすぐのが気になる、歯磨き粉が飛ぶのではないか、という方もいるかもしれません。ですが、歯磨き粉がついたときはサッと水で流せば問題ありませんし、水で流しても取れない場合は、メラミンスポンジなどで軽くこすれば簡単に汚れを落とすことができます。

そしてこれらは洗面所でも同じだと思います。動線的に便利な場所を選択して、少しでも暮らしやすくするほうがよいと、私は考えています。

例2「衣類はクローゼットに収納する」
⇩ダイニングにコート掛けを用意する

衣類はクローゼットにしまう、と機械的に判断するのではなく、子どもの性格や生活動線を考えて収納の場所を決めると、衣類の出しっぱなしの防止にもつながります。

クローゼットに衣類を収納することを不便に感じている場合、生活の中で着替えるタイミングやいつも着替える場所を思い出して、その近くに収納すると便利な暮らしが実現できます。

例えば、ダイニングで脱ぎ着しているならダイニング内、もしくはダイニングからできるだけ近い場所に衣類棚を設置すると便利です。

設置スペースが小さい場合は衣類をすべて置くのではなく頻繁に着る衣類だけに絞って収納するという方法もあります。

クローゼットには、普段着ない服やそのお部屋でよく使用するものを入れたり、クローゼットのある部屋に行く回数が少なければ納戸として活用するのもいいですよ。

そのほかにも、押し入れを子どもの机として活用したり、寝室スペースにする、背の低い収納スペースを子どもの基地にするなど、既成概念を捨てると、便利な収納、楽しい場所を作ることができる場合もたくさんあります。

「こうでなければならない」ではなく、「どうしたら片づけられるか」「この部屋で何をしているか」と考えて対応すると、家族みんなが使いやすい収納を実現する近道となります。

家族にどんな習慣やクセがあるか観察し、対策を立ててみましょう。

OKATAZUKE Q&A

Q2

片づけない子どもを怒ってしまう

子どもが片づけないとつい怒ってしまいます。そんな自分を変えたいです。

A お片づけの基準を「大人基準」から「子ども基準」に変えてみましょう。

以前の私も「早く片づけて！」と子どもに言ってばかりいました。

せっかく片づけたのにどうしてすぐに散らかしてしまうの？

どうして何度も「片づけて」と言っているのに行動に移さないの？

片づけやすいように収納を作ったのに全然片づけてくれないのはなぜ？

このように考えると悲しかったり、イライラしたりして、つい子どもに強く言ってしまいます。

しかし、これらは、すべて大人の基準を子どもに押しつけていることになります。

親である自分が片づけたいタイミングだから散らかしてほしくない。

子どもの遊びたい気持ちを受け止めず、親が片づけてほしいと思ったから何回も「片づけて」と言う。

子どもに相談せず、大人の目線で片づけやすいように収納を作って、片づけるように言う。

- **大人のタイミング**
- **大人の気持ち**
- **大人目線の収納**

子どもができない理由はここにあるのかもしれません。

私たち親がつい忘れてしまいがちなのは、片づけてくれないときの子どもの気持ちです。

「今遊びはじめたばかりなのに」「ちょうどいいところだったのに」「もう少しで完成するのに」「今やろうと思ったのに」など子どもなりに考えていることがあるはずです。これを考えずに片づけるように言っても、子どもは動けないだけでなく、お片づけに対して負のイメージを持ってしまいます。

そして、大前提として、子どもに完璧を求めてはいけないということ。

私もどちらかというと理想が高いため、子どもの片づけに対しても「もっとこうしてほしい」とつい思ってしまいます。理想が高ければ高いほど、子どもの行動や言い方などすべてが気になるようになります。

人は誰でも、もちろん子どもでも自分なりのルール・価値観・思い込み・期待があり、その枠から外れるとイライラのスイッチが入ってしまいます。そのスイッチを止めるのは子どもではなく、親である自分自身です。

怒ってしまいそうなときは、次のような対策を取るようにしましょう。

•別の場所に移動する

親がその場から離れて1人になれるトイレなどに行きます。そこで深呼吸をして気持ちを落ち着かせてから子どもに話をするようにしましょう。そうすることで、感情的に怒ることを未然に防ぎ、落ち着いて子どもと話すことができます。

•心の中で話す

声に出す前に、「何か理由があるはず」＋「なんとかなるさ」と心の中で唱えて冷静さを取り戻します。

するると、熱くなりすぎた気持ちがクールダウンし、冷静に子どもと会話することができます。

●目標を設定する

「今日一日だけは怒らない」と目標を設定します。一日怒らないことができたら、少しずつ日数を増やしていきましょう。

怒る習慣がついている場合は、いきなり怒らないように完璧に感情をコントロールすることはできないので、少しずつ意識して冷静に話ができるようになりましょう。

親も子ども冷静になっているときに話し合い、このタイミングだけはお片づけしようという「お約束」を結びます。

「ママも○○ちゃんとのお約束を守るから、○○ちゃんもお約束を守ってね」と話せば子どもも納得してくれるはずです。

約束もヤダ、話もできないという場合は、片づけではなくほかのことでわだかまりがあることが考えられますので、時間を作って話し合うとよいかもしれません。

OKATAZUKE Q&A

Q3

つい親が代わりに片づけてしまう

子どもがお片づけしようといないため、いつも親である自分が片づけてしまいます。

A 何も言わずに片づけてあげるのはやめて、一緒にお片づけすることを子どもに提案しましょう。

何回言っても片づけてくれない。出したままのものを見つけると我慢できない。「ママが片づけて」と子どもに言われるから片づけてしまう。

このような理由で、親がつい片づけてしまうという話をよく耳にします。忙しい毎日の中で、「片づけなさい」と言い続けて片づかないよりも、親である自分が片づけてしまったほうが手っ取り早いと思ってしまう気持ちも十分理解できます。

親が片づけてしまうこと自体は、悪いことではありません。

ただ、理由が大切です。

何回言っても片づけないから、仕方なく親が片づけるという理由であれば、子どもは「お母さんがやってくれるからいいや」と考えるようになってしまいます。

あくまでも、「子どもにお片づけの習慣をつけるために一緒に親も片づける」という理由でなければなりません。

2つの違いは、親が片づけている姿を子どもがちゃんと見ているかどうかです。

子どもが「私の代わりに片づけてくれた。ラッキー」と思ってしまうようではいけません。あくまでも、「私と〝一緒に〟片づけてくれた」になるようにしましょう。

なぜなら、一緒に片づけてきれいになったという達成感、片づけるとこんなにも心地よいんだという感覚を子ども自身が体験することが大切だからです。

まずは、子どものものを片づけるとき、黙って勝手に片づけるというのはやめましょう。

子どもがなかなか行動に移さないときの助舟は、「一緒にきれいにして、きれいになったお部屋で絵本を読もう。早く終わったら2冊読めちゃうかも」と提案します。

そして、親子で一緒に片づけたら、喜びや達成感を言葉にして伝えます。

「きれいだね〜！　上手にお片づけできたね。どんどん上手になってきてママうれしいな」

「すごいな〜！　とっても上手だからもう1人でお片づけできちゃうね！」

「今度はママも○○ちゃんみたいに、ママが使った台所のものをお片づけするね」

このように、上手に片づけられたことを積極的に言葉にしましょう。

また、楽しみながら親子でお片づけすることにより、子どもが頭の中で考えていたお片づけの負のイメージを変えることもでき、「次は1人でお片づけできるかも！」「お片づけして褒めてもらいたい」「お片づけしたらお母さんに喜んでもらえる」という、うれしいイメージに変わっていきます。

そうすると、「自分でお片づけしてみよう」という気持ちが少しずつ芽生えていきます。たとえ「親が1人で片づけたほうが早い」と思っても、親子で一緒にお片づけし、子どもがお片づけを前向きに考えられる機会を作ってあげてください。

OKATAZUKE
Q&A

Q44

おもちゃを将来のために取っておきたい

子ども用品がたくさんあって困っています。でも2人目の子どものために取っておきたいです。

A すべてではなく、厳選して保存しておくのがおすすめです。

これはよくある質問です。

きれいなおもちゃ、まだ使えるおもちゃは、「きょうだいができたとき、使えるかもしれない」と思うとなかなか捨てられないものです。

そこで、すべてではなく厳選して保管します。

まずは、子ども2人分のおもちゃを収納するスペースを仮でよいので想定します。そして、きょうだいの場所として確保した収納スペースに収まる分だけを一時保管すればよいのです。

上の子どものおもちゃプラス、2人目の子どものおもちゃを置くことを想定すれば、おのずとどれくらいの量か想像ができますよね。

自分の中で何を優先させて取っておくか、方針を決めて厳選しましょう。

例えば、集中して長い期間遊んでいたおもちゃ、お気に入りだったおもちゃを優先的に取っておく、お気に入りのお洋服を優先的に取っておく、という感じです。

やっぱりすべて「取っておきたい！」と思うのであれば、雑貨や大人の洋服などを減らして、保管するスペースを作るのも1つの方法です。

自分がどうしたいか、何を優先させたいかを考え、納得できるように厳選していきましょう。

OKATAZUKE Q&A

Q5

今ある収納にものが入りきらない

ものが入りきらない場合、収納できる棚などを買い足さないとダメですか？

棚を購入する前に、ものについて一度考える機会を作りましょう。

ものが入らないから棚を買い足すと考える方が多いですが、その流れで買ってしまうとお部屋が狭くなり、ものもどんどん増えていきます。

収納を考える前に、今あるもの、今入りきらないものを見て、まずは次の2つを考えましょう。

・入りきらないものは何か？

・今、収納に入っているものは、すべてそのお部屋で使っているものか？

リビングにあるものなら「リビングで使っているか・使っていないか」を判断基準に仕分けます。

この仕分けをすると、案外使っていないものがたくさん出てくる場合があります。そうすれば、使っていないものを処分する、使っている場所に収納し直す、ということができ、収納スペースを確保することができます。

「使っている」とはっきりしたものは、使いやすく取り出しやすいように収納します。ここまでして初めてどんな収納が本当に必要かわかります。

それでも入らない場合は、しまいたいものの大きさ、形、使い方に合った収納を購入しましょう。

OKATAZUKE
Q&A

Q6

ものを捨てることに抵抗がある

親子ともに、なかなかものを捨てることができません。どうしたら片づけられますか？

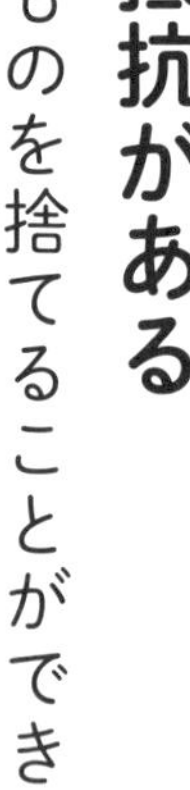

A まずは、「捨てなければいけない」という考えをいったん忘れましょう。

「捨てる」ということばかり頭にあり、それが怖くて「片づける」という行動に移せない方がたくさんいらっしゃいます。

まずは、捨てなくて大丈夫です。

「捨てる」以外にも「移動させる」という方法があります。

手順としては、まず整理をしたいお部屋の1つの収納の中身をすべて出して、「使っている」か「使っていない」かで仕分けていきます。これは、76ページで紹介した方法と同じです。

「使っていない」に仕分けたものは、処分するか使ってくれそうな方に譲ると前述しましたが、それに抵抗があるということであれば「便利な場所から移動させる」だけでかまいません。

例えば、リビングにある子どものものを整理したいときは、「リビングで子どもが使っているか・使っていないか」という基準で仕分けていきます。

そして、「使っていない」に分けたものを「使っていない部屋から移動させる」という流れです。

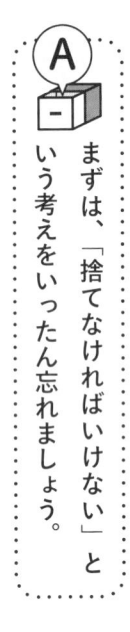

捨てなくていいので、まずは仕分けて移動させる。この手順で引き出し一段のように小さなところからはじめ、成功体験を積みましょう。

そうすると、片づけが好きになり、片づけるのが心地よく感じられ、考え方が変わってきます。

「移動させただけでは片づかないのでは？」と思った方も多いでしょう。でも、安心してください。小さいところから少しずつ成功体験を得ながら、1つのお部屋がきれいになると、次はものを移動したお部屋のものの多さが気になりはじめるでしょう。

そこで初めて、「使わないものは必要ない」ということに気づき、抵抗なく処分できるようになります。

よく考えたら、「どこの部屋でも使っていないもの」ということも、あるかもしれません。それに気がついたとき、処分すればよいのです。

捨てることを恐れて、片づけが進まないよりは、まずは、移動させるという方法を選択して、お部屋を1つずつきれいにして快適な暮らしを体感してみてください。

OKATAZUKE Q&A

Q7

親の手伝いなしでお片づけしてほしい

子どもに自分でお片づけをしてもらいたいです。親は何歳まで手伝えばいいですか？

A　1歳までは仕組みを作って一緒に片づけて、2歳以上は声かけのみでたまにお手伝いする、という形がおすすめです。

1歳の場合

まずは、子どもが片づけられる仕組みを作ります。そして、タイミングを見計らって一緒に片づけをしてあげましょう。きれいになったことを「きれいになったね」「上手にお片づけできたね」などと言葉にして伝えます。この積み重ねにより、1歳半くらいには声をかければ1人でできる場面も増えてきます。

例えば、ブロックを収納ボックスに入れて、その収納ボックスを棚まで運ぶということが少しずつできるようになります（ただし、収納ボックスは、子どもが持てる大きさ、重さを意識してください）。

2歳以上の場合

1歳から習慣化できていれば、67ページで紹介してきたようなお母さんの声かけで1人でお片づけできるようになります。

ですが、大人と同じように、やる気がわかないとき、甘えたいときがあるでしょう。また、今まで上手にお片づけができていたのに急に嫌がるなど、子どもの様子に波が出ることもあります。お部屋の乱れは精神面の乱れの表れでもあるため、「絶対片づけなさい」と強要することはおすすめできません。

このようなときは、子どもの様子を見て、スキンシップを多めに取るようにしたり、一緒に過ごす時間を作ると、気持ちがリセットされてまた片づけられるようになる場合もあります。

「2歳になったから絶対に手伝わない」ではなく、「いつも上手にできていること知っているよ。でも、今日は疲れちゃったかな？　お手伝いするね」と声をかけて手伝ってあげてください。

大人も余裕がないときや慣れるまでは、大げさに喜んだりクイズを出したりするのが恥ずかしかったり、忘れてしまったりすることもあるかもしれません。

ついつい「片づけなさい！」と強く言ってしまったら、そのあとにつけ加えてください。

「おもちゃをお家に戻してあげてね」
「転がっているおもちゃを見つけてあげてね」

これにより、親も声かけの習慣がつきますし、子ども自身も前向きにお片づけができるようになります。

命令するのではなく、子どもが進んでできるようになるためにも、ものの気持ちを代弁する声かけ、そしてお片づけが楽しくなる声かけができると、嫌がらずにお片づけする子に育ちます。

OKATAZUKE
Q&A
Q18

「捨てる」以外の処分方法を知りたい

「使っていないもの」を片づける方法は、「捨てる」以外にも何かありますか？

A まだ使えるものの場合、5つの方法があります。

5つの方法とは、次の通りです。

①移動させる
②使ってもらえそうな方に譲る
③リサイクルショップで買い取ってもらう
④フリーマーケットで売る
⑤フリマアプリを活用する

では、1つずつ見ていきましょう。

①移動させる

162ページで説明したように、捨てることに罪悪感を覚えてものの整理ができない人は、とりあえず「移動させる」からはじめてみましょう。

まずは、長い時間を過ごすリビングから、使っていないものを別のお部屋に移動させます。

すると、リビングが整理されてスッキリしたという達成感を味わうことができ、もっと片づけてきれいにしたいという気持ちが芽生えます。

捨てるよりもハードルが低い「移動させる」は、誰でも簡単にできるので、整理が苦手な人に最初に試してもらいたい方法です。

②使ってもらえそうな方に譲る

きれいなおもちゃなどであれば、譲るのも1つの有効な方法です。この場合、気をつけないといけないのは、「無理強いしないこと」。使ってもらえないのであれば、相手の家に使っていないものを増やしてしまうだけになります。

具体的には、譲る前に「必要なければ遠慮なく言ってね」と相手に断る猶予を作ってあげるとよいでしょう。

ものにもよりますが、そもそもお古が嫌いな方もいます。お古が嫌いかどうかを判断するのはとても難しいので、「もしお下がりに抵抗なかったら、どうかなと思って」などとお伝えするとよいと思います。

また、譲るときは実際に品物を見てもらって「気に入ったものがもしあればもらってくれる？」と選んでもらったり、譲ったあとも「いらなかったら遠慮なく処分してね」と伝えると、相手もラクな気持ちで譲り受けることができます。

③リサイクルショップで買い取ってもらう

リサイクルショップに持ち込めば、買い取り可能なものはお金に換えてもらえますし、買い取れないものもたいていお店で処分してもらえます。

近隣にリサイクルショップがないかインターネットで調べたり、友人に相談してみると、うれしい情報を得られることもあります。

自分で売るよりもお店に持ち込むほうが、早くて簡単に処分が可能です。

最近では、宅配買い取りをしてくれるお店もあり、不用品を箱に詰めて送るだけで処分が完了するため、とても便利です。

④フリーマーケットで売る

フリーマーケットは、地域が主催する出店料が無料のものもあれば、企業が主催する有料のものもあります。まずは、地域の役所に問い合わせて、出店料が無料のフリーマーケットの予定を確認してみましょう。

フリーマーケットは、子どもと一緒に参加できるところが多いので、ものを売る体験を子どもにさせてあげられます。お店屋さんごっこが好きな子は多いので、喜んで手伝ってくれかもしれません。フリーマーケットへの出店をきっかけに、使っていないものでまだ使えそうなものは販売して、そこで稼いだお金でまた必要なものを買う約束を子どもとするという方法もあります。

⑤フリマアプリを活用する

今の時代は、とても便利な「フリマアプリ」がたくさんあります。メルカリ、ラクマ、ジモティーなど、自分に合ったものを利用するのも1つの方法です。

私は以前はよく地域で開催されるフリーマーケットに出店して使っていないものを販売していました。しかし、時間がかかること、フリマの時期までものを保管するというストレスに負け、メルカリを使うようになりました。面倒な手続きがなく、サクッと出品でき、とても便利です。匿名でやり取りできるので、知らない人に個人情報が伝わる心配もないのが魅力です。

わが家の子どもたちは、各自「もう使わないもの」を選びフリマアプリで売ってほしいと、お願いしてくるようになりました。これはお片づけのきっかけづくりにもなるためおすすめです。

便利なフリマアプリ

メルカリ
運営：株式会社メルカリ
独自の配送方法や24時間カスタマーサービスなどが充実

ラクマ
運営：楽天株式会社
販売手数料が安く、取引の安全性に注力している

ジモティー
運営：株式会社ジモティー
「地元の人同士の助け合い」を基本としたサービス

OKATAZUKE Q&A

Q9

夫婦で協力してお片づけ教育をしたい

私が叱らないように意識しているのに、夫は「片づけなさい！」と子どもを叱ってしまいます。

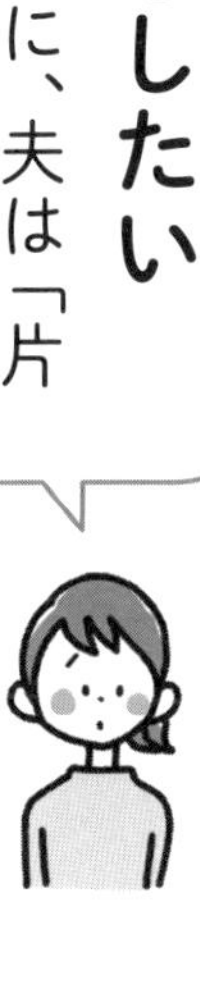

A 繰り返し言葉で伝えるのはもちろん、実際のお片づけ教育の様子をパパに見てもらいましょう。

私も同じような経験があります。子どものお片づけ教育より（純粋で素直な子どもに伝えるより）、大人（夫）のお片づけ教育のほうが正直難しいかもしれません。

お片づけ教育は、ママだけ、パパだけではなかなか成功しません。協力し合う必要があります。

もし、パパが「片づけなさい！」と怒ってしまうことがあれば、子どもが近くにいないときや寝ているときに、次のことを伝えてみましょう。

・少し前から、お片づけを自主的にできるように練習している
・お片づけは親に怒られるからすることじゃない
・子どもにお片づけの苦手意識をつけたくない
・ものや人の気持ちがわかる優しい心を育てたい
・苦痛と感じないでお片づけができる大人になってほしい

そして、自分はこれらを意識して日々声をかけていて、つい怒りたくなる気持ちを抑えているから協力してほしいと伝えてみてください。

私も何回かこのことを夫に伝え、さらには夫の前で「パパもこうやって声をかけてね」と言わん

ばかりに子どもに声をかけていました。

そうしているうちに、いつの頃からか、夫が子どもに対して、「おもちゃのお家はどこでしょう♪」と声をかける姿を見ることができるようになり、感動しました。

人のクセや習慣を変えることはとても難しく、大人が何十年もの間についたクセを変えることは本当に大変です。それを踏まえて、長い目で見るようにし、何回か期間を空けて伝え続けてみてください。


そのほかにも、夫が子どもを怒ってしまったときにおすすめな対処法があります。

パパが「汚いな。片づけなさい！」と言ったら、ママはすかさず「もしかして、パパはおもちゃを踏んづけちゃったんじゃない？　それは痛くて怒るよね」と笑顔でパパを見つめながら子どもに伝えます。


このように、パパをかばうような言い方をすることで、夫のいらだちと子どもの不安の両方を落ち着かせることができます。

子どもの目の前でパパへダメ出しするのは避けましょう。

「パパは疲れているから、きれいなお部屋でゆっくりしたいんだと思うよ」「パパ見ていて！　○○ちゃんはいつもお片づけを上手にできるんだよ」「○○ちゃんとママがお片づけ競争するよ！　さあ、どっちが早くお片づけできるかな？」などと、子どもの気持ちのスイッチを切り替えられるように声をかけてフォローするのもおすすめです。

読者特典！

お片づけ曲「おもちゃのきもち」ご視聴サイトについて

お片づけのタイミングに、毎回「片づけて」と言うのは、ときには大人でも大変です。そこで、幼児期の子どもがおもちゃの気持ちを考えられ、使ったら自分で片づけようと思えるようにとの願いを込めて、お片づけ曲「おもちゃのきもち」を制作しました。

おもちゃを片づけるタイミングで「片づけて」の声かけ代わりに、学校のチャイムのように「お片づけの合図」としてこの曲を活用していただけるとうれしいです。

お片づけ曲「おもちゃのきもち」のご視聴サイト URL

http://okatadukesensei.com/books/

※上記 URL を Web ブラウザのアドレス欄に、すべて「半角英数字」でご入力ください

歌の中では、くまのぬいぐるみがすべてのおもちゃを代表して、おもちゃの気持ちを伝えています。この曲を聴くことで、おもちゃに対して「好き・楽しい。だから使う」という自分本位な考えを持っていた子どもが、おもちゃやそれを作った人の想いを知り、大切に扱おうと意識でき、その結果、ものや人への優しさが育つと信じています。

※ＵＲＬ入力の際は、半角・全角等をご確認いただき、お間違えのないようご注意ください。

※本サービスに起因する不具合に対しては、著者および弊社は責任を負いかねます。ご了承ください。

※本サービスに関するお問い合わせは、弊社ホームページにある「お問い合わせ」フォーム（https://www.njg.co.jp/contact/）からお願いいたします。

※本サービスは予告なく終了する場合がございますのでご承知おきください。

52 F♯m D E A
ー ー ぼくは ー まー いこがこわいんだー ー おう
57 D E A D
ちー にー ー かえりたいー
63 A D A
まいにちー あそんでくれてあ
69 E E/D F♯m E D
りー がとうー ー だいすきー なー きみへー
74 E Esus4 E D E
ー ーーーーーーー ーー ぼくーのー きもちをー つ
79 C♯7 F♯m D E
たえたいんだー ぼくはー きみのことがー だいす
83 A A7 D E
きー なー んー だーー ぼくーもー おうちーにー かえ
87 C♯7 F♯m D E
ってー ねー むりーたー いんだー そしてまたー きー みとあそびたい
91 A D E N.C.
んだー ー ずっときみとー ー あそびたい
96 A D A D
ー ー
103 A D A

おもちゃのきもち

作詞：「お片づけ先生®」伊東裕美
作曲：ナオユキ（アクセプトール）

おわりに

最後までお読みいただき、本当にありがとうございました。本書で子どものタイプやご自宅の動線に合ったお片づけをイメージいただけたらうれしいです。

心がモヤモヤしたときや、頭の中が整理できずどうしたらよいかわからないときにお片づけをすると、お部屋も心も浄化されます。

子ども部屋の引き出しなど、まずは小さなところから1つずつ親子で成功体験を積んでいってください。そして、できたことを親子で一緒にたくさん喜んでください。

他人と比べる必要はありません。あなたやあなたの子ども、そして家族が居心地のよい空間を作ることがお片づけをする目的です。

そして、そうしてできた空間こそが最高のお家、幸せなお家だと思います。

最後に、この本を出版するにあたりご協力いただきましたOkataduke&Coのお客様や、この本を編集し私の相談に乗ってくださった板谷美希さん、そして私をいつも支えてくれる家族に心から感謝いたします。

お片づけ先生® 伊東裕美

伊東裕美（いとう　ひろみ）
Okataduke&Co代表。1980年東京都生まれ。3児の母。幼い頃からの夢である保育士を経て、子育てを通じて片づけの大変さと大切さを身をもって経験。長女を子育て中に整理収納アドバイザー1級を取得後、家の中がスッキリし、考え方もポジティブ思考に変わる。その後、家事代行会社「Pleasure Life」で整理収納部門を立ち上げ、8年間勤めた後、2018年に独立。幼児期の子どもたちがお片づけ嫌いにならずに楽しみながら自主的に片づけられるよう、「お片づけ先生®」という愛称でオリジナルのパネルシアターを使った講演活動や現場のお片づけサービスなどを精力的に行なっている。

■ホームページ
http://okatadukesensei.com/
■インスタグラム
https://www.instagram.com/okataduke.sensei/
■フェイスブック
https://www.facebook.com/okatadukesensei/

3歳《さい》からできるお片《かた》づけ習慣《しゅうかん》

2019年 7月10日　初版発行

著　者　伊東裕美 ©H.Ito 2019
発行者　杉本淳一

発行所　株式会社日本実業出版社　東京都新宿区市谷本村町3-29 〒162-0845
大阪市北区西天満6-8-1 〒530-0047
編集部 ☎03-3268-5651
営業部 ☎03-3268-5161　振　替　00170-1-25349
https://www.njg.co.jp/

印刷・製本／リーブルテック

この本の内容についてのお問合せは、書面かFAX（03-3268-0832）にてお願い致します。
落丁・乱丁本は、送料小社負担にて、お取り替え致します。

ISBN 978-4-534-05702-0　Printed in JAPAN